평강의 주께서

친히

때마다 일마다

평강을 주시기를 기도하며

특별히

_____________님께

드립니다.

예수님의 기적 강해 설교

행하는 그 일을 인하여 나를 믿으라

이동원 목사 지음

Believe on account of the Signs

Exposition on Jesus' Miracles

by
Dong-won Daniel Lee

종합선교 – 나침반 출판사 / 그리스도인들의 성장을 돕습니다.

110 – 616 서울 · 광화문 우체국 사서함 1641호 ☎(02)2279-6321~3

COMPASS HOUSE PUBLISHERS

A DIVISION OF NACHIMBAN (=COMPASS) MINISTRIES
KWANGHWAMOON P. O. BOX 1641, SEOUL 110-616, KOREA

행하는 그 일을 인하여
나를 믿으라

열매로 그들을 알리라는 말씀처럼
우리는 사람의 행위로 그의 인격을 가늠합니다.
우리는 동일한 원리에 근거하여
주님의 행하신 일로 주님이 누구인가를 알 수 있습니다.
그분의 기적이 그분의 신성(神性)을 증거합니다.
그분은 기적을 통해 신(神)이심을 보이십니다.
그리고 그분은 기적으로 우리에게 말씀하십니다.

그때의 기적은 이때의 교훈이 되어
우리에게 살아 있는 메시지로서 다가옵니다.
그러나 그때의 기적이 모든 군중을 감동시킨 것이 아니었듯이
이때의 말씀이 모든 영혼을 감동시키고 있는 것은 아닙니다.
그분의 기적의 불완전성 때문은 결코 아닙니다.
인간 죄성의 강퍅함이 우리의 눈을 멀게 하고
우리의 귀를 닫아 버린 것입니다.

때는 바야흐로 시대의 표적을 분별할 시간입니다.
그러나 악하고 음란한 이 세대는
천기는 분별할 줄 알면서
음성보다 더 큰 행하심으로 말씀하시는
그분을 보지 못하고 그분을 만나지 못하고 있습니다.
이런 시대의 맹목을 안타까워하는 마음으로
그분의 기적의 의미들을 추적하였습니다.

그분의 메시지가 너무 난해하다고 느끼는 이가 있다면
주님은 이렇게 말씀하시고 계십니다.
"나의 행하는 그 일을 인하여 나를 믿으라."

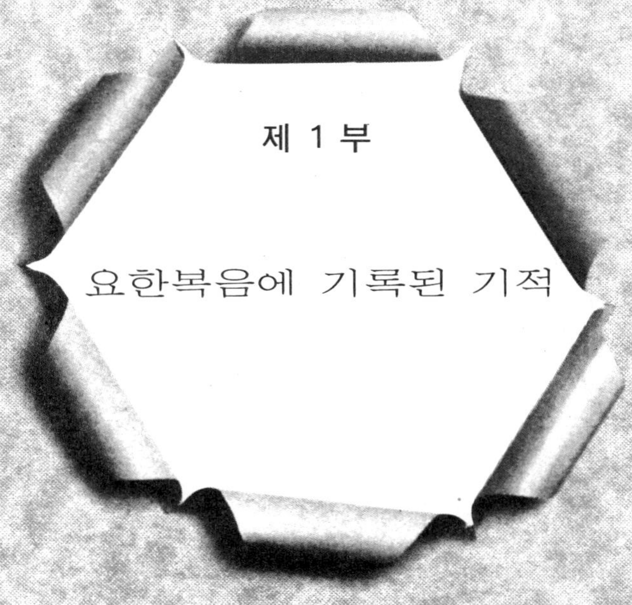
제 1 부
요한복음에 기록된 기적

1
가나의 처음 표적

요한복음 2장 1－11절

"사흘 되던 날에 갈릴리 가나에 혼인이 있어 예수의 어머니도 거기
계시고 예수와 그 제자들도 혼인에 청함을 받았더니 포도주가 모자
란지라 예수의 어머니가 예수에게 이르되 저희에게 포도주가 없다
하니 예수께서 가라사대 여자여 나와 무슨 상관이 있나이까 내 때
가 아직 이르지 못하였나이다 그 어머니가 하인들에게 이르되 너희
에게 무슨 말씀을 하시든지 그대로 하라 하니라 거기 유대인의 결
례를 따라 두세 통 드는 돌항아리 여섯이 놓였는지라 예수께서 저
희에게 이르시되 항아리에 물을 채우라 하신즉 아구까지 채우니 이
제는 떠서 연회장에게 갖다 주라 하시매 갖다 주었더니 연회장은
물로 된 포도주를 맛보고 어디서 났는지 알지 못하되 물 떠온 하인
들은 알더라 연회장이 신랑을 불러 말하되 사람마다 먼저 좋은 포
도주를 내고 취한 후에 낮은 것을 내거늘 그대는 지금까지 좋은 포
도주를 두었도다 하더라 예수께서 이 처음 표적을 갈릴리 가나에서
행하여 그 영광을 나타내시매 제자들이 그를 믿으니라."

 대인들은 "기적"이란 단어를 쉽게 소화하지 못하고 있습니다. 과학과 문명의 발달이 우리에게 기적이라는 단어를 생소하게 만들었습니다. 사실상 문명의 발달은 역으로 인간에게 해결할 수 없는 많은 문제를 안겨 주었습니다. 우리 주변에는 도저히 해결하기 어려운 국가간의 문제, 환경 문제, 인종 문제와 같은 골칫거리들이 산재해 있습니다. 우리는 이와 같은 난관 앞에서 인간의 무력함과 한계를 절감하고 있습니다. 지금은 그 어느 때보다 더 기적을 필요로 하고 있는 시대입니다.

만약 당신이 기적의 필요를 느끼지 않는다면, 그것은 아마 당신에게 문제 의식이 결여되어 있기 때문일 것입니다. 특별히 영적인 문제에 둔감하다면 그 결과는 파국으로 치달을 수 있습니다. 성령이 우리 마음에 역사할 때 제일 먼저 깨닫는 것은 영적 위기에 대한 자각입니다. 내 삶이 절망과 가난함에 허덕이고 있음과 우리는 하나님 없이 살아갈 수 없는 존재임을 성령께서 깨닫게 해 주십니다.

아직 이런 성령의 깨우침을 경험하지 못한 사람들은 기적을 바라지 않습니다. 성령이 우리 마음 속에 역사하실 때 비로소 기적을 요청합니다. 그러나 주님의 기적은 우리가 쉽게 생각하는 기적과는 상당히 다릅니다.

기적의 특성

예수께서 베푸신 기적의 특성은 다음 세 가지로 요약됩니다.

첫째로, 예수께서는 기적을 위한 기적을 행하지 않으셨습니다. 예수께서 자신을 선전하는 데 기적을 이용하지 않으셨습니다. 오히려 기적을 행하시고도 아무에게 말하지 말라고 당부하셨습니다(마 8:4/9:30 참조). 물로 포도주를 만드실 때도 잔칫집 주인에게 통보하지 않으셨습니다. 심부름을 한 하인들 말고는 아무도 이 기적을 알지 못했습니다. 요란한 선전 문구와 함께 공연되는 오늘날의 마술과 비교할 때 예수님의 기적은 그 근본에서부터 다름을 알 수 있습니다.

둘째로, 예수께서는 가장 필요한 상황에서만 기적을 행하셨습니다.

사람들은 "지금도 기적이 일어나는가"라는 질문을 합니다. 그리스도인은 이런 질문을 할 필요가 없음을 알 것입니다. 우리가 전능하신 하나님을 믿는다면 기적은 어느 때나 일어날 수 있기 때문입니다. 예수께서 어머니 마리아에게 포도주가 모자란다는 말을 들었을 때 이렇게 말씀하셨습니다.

"내 때가 아직 이르지 못하였나이다"(4절).

예수께서는 원하시면 언제라도 기적을 일으킬 수 있었습니다. 그러나 그분은 하나님의 뜻에 따라 정말 필요할 때 기적을 행하기 원하셨습니다. 예수께서는 기적이 없어서는 안 될 가장 필요한 순간에만 기적을 행하셨습니다.

셋째로, 예수께서는 기적을 통해 영적인 교훈을 주실 수 있을 때 기적을 행하셨습니다.

주님의 기적은 '기적'(miracle)이 아니라 '표적'(sign)입니다. 11절 말씀을 보십시오.

"예수께서 이 처음「표적」을 갈릴리 가나에서 행하여 그 영광을 나타내시매 제자들이 그를 믿으니라."

표적 자체가 중요한 것이 아니라 그 표적이 가리키는 최종 목적이 더 중요합니다. 도로 표지판이 길 안내를 잘하고 있음을 보고 기뻐서 그 자리에 서 있는 사람이 있습니까? 도로 표지판을 따라 어디로 가야 할 것인지를 결정하고 목적지를 향해 한 발자국씩 내딛는 것이 정상인의 행동입니다. 마찬가지로 표적은 그 자체에 의미가 있는 것이 아닙니다. 그런데 우리는 죽은 사람이 살아나고 병든 자가 고침받는 기적 그 자체에만 놀랍니다.

특별히 요한복음에 기록된 기적들은 표적들입니다. 그러므로 기적을 통해 우리에게 전달하고자 하는 메시지가 더 중요합니다. 요한복음 20장 30, 31절 말씀을 보십시오.
"예수께서 제자들 앞에서 이 책에 기록되지 아니한 다른 표적도 많이 행하셨으나 오직 이것을 기록함은 너희로 예수께서 하나님의 아들 그리스도이심을 믿게 하려 함이요 또 너희로 믿고 그 이름을 힘입어 생명을 얻게 하려 함이니라."
이 말씀에서 사도 요한은 표적의 목적을 **두 가지**로 밝혔습니다.
첫째, 예수께서 하나님의 아들 그리스도이심을 믿게 하기 위해서입니다.
둘째, 영원한 생명을 얻게 하기 위해서입니다.

복음서에서 찾아볼 수 있는 표적의 대부분은 육체와 관련된 것입니다. 병든 자를 고친다든지 배고픈 군중들을 먹인다든지 하는 식입니다. 그런데 여기서 강조해야 할 것은 육체의 필요를 채워 주고 문제를 해결해 주시는 예수께서 그보다 더 중요한 인간의 영적인 필요도 해결하실 수 있는 분이라는 점입니다. 이 점이 표적을 행하시는 목적이기도 합니다.

예를 들면, 요한복음 4장에 나오는 예수님과 사마리아 여인 사이에 오간 대화는 물을 소재로 하고 있습니다. 그런데 결국 이 대화의 결론은 "내가 주는 물을 먹는 자는 영원히 목마르지 아니하리니 나의 주는 물은 그 속에서 영생하도록 솟아나는 샘물이 되리라"(14절)는 말씀에 있습니다.
요한복음 6장의 오병이어(五餠二魚) 기적도 예수께서 배고픈 군중을 먹이신 것이 초점이 아니라 "내가 곧 생명의 떡이니 내게 오는 자는 결코 주리지 아니할 터이요"(35절)라는 말씀에 표적의 핵심이 담겨 있습니다. 예수께서는 인류의 근본 문제를 해결하기 위해 이 땅에 오셨습니다. 표적에 담긴 메시지들은 바로 인류를 구원할 열쇠를 제시하고 있습니다.

기적의 분석

바클레이는 복음서에 나타난 예수님의 기적을 세 가지 질문을 통해 이해하도록 제안했습니다. 이 세 가지 질문을 예수께서 가나에서 베푸신 기적에 적용해 봅시다.

첫째로, 예수님은 어떤 분이십니까?

예수께서 물을 포도주로 바꾸셨습니다. 어떻게 이런 화학 변화를 설명할 수 있겠습니까? 대답은 단 한 가지입니다. 예수께서 창조주 하나님이 되시기 때문입니다. 천지 만물을 지으신 분이므로 물을 포도주로 바꾸는 것은 전혀 어려운 일이 아닙니다. 예수께서 하나님이시기 때문에 우리의 문제를 해결해 주실 수 있습니다. 우리를 만드신 분이므로 우리를 고칠 수 있습니다.

어느 추운 겨울 날 미국 디트로이트에 사는 자동차 정비공 한 사람이 자기 차를 몰고 출근을 하다가 차가 고장이 나서 길에서 수리를 하고 있었습니다. 그런데 고칠 수가 없었습니다. 쩔쩔매면서 고생하고 있는데 어떤 노신사가 차를 멈추더니 도와주겠다고 자청했습니다. 그는 속으로 노인을 비웃었습니다. 그런데 그 노인이 자동차 뚜껑을 열고 몇 군데 만지더니 시동을 걸어 보라고 했습니다. 차가 움직여서 깜짝 놀라 쳐다보니 그 노신사는 명함 한 장을 주고 사라졌습니다. 명함에는 헨리 포드라고 씌어 있었습니다. 바로 그 자동차를 만든 사람이었습니다.

이와 같이 우리 인간을 만드신 분이 우리를 고치사 새롭게 하십니다.

"그런즉 누구든지 그리스도 안에 있으면 새로운 피조물이라 이전 것은 지나갔으니 보라 새것이 되었도다"(고후 5:17).

가나의 혼인 잔치는 예수께서 제자들을 불러 모으신 다음 꼭 사흘 뒤에 일어난 사건입니다. 빌립, 안드레, 나다나엘, 베드로가 예수님을 좇았는데(요 1:40—45 참조), 그들 마음 속에는 많은 생각이 있었을 것입니다. 인생을 걸고 예수를 따라 나섰는데 과연 그분이 어떤 일을 할 수 있을지 의심이 갔을 것입니다.

마침 예수께서 제자들을 데리고 혼인 잔치에 가서서 기적을 행하셨습니다. 그 결과는 11절 말씀이 잘 말해 주고 있습니다.

"예수께서 이 처음 표적을 갈릴리 가나에서 행하여 그 영광을 나타내시매 제자들이 그를 믿으니라."

가나에서 행한 기적은 제자들을 위한 기적이었습니다. 제자들은 이 기적을 통해서 예수님이 어떤 분인지 알게 되었습니다. 물이 포도주로 변하는 기적은 예수께서 하나님이심을 증거하기에 충분한 사건이었습니다. 우리는 이 기적을 보면서 예수께서 우리도 변화시키실 수 있음을 깨닫습니다. 예수께서 하나님되심을 믿게 됩니다.

둘째로, 무엇이 문제입니까?

혼인 잔칫집에 무슨 문제가 생겼습니까? 잔치에 가장 중요한 포도주가 떨어졌습니다. 이스라엘에서는 물이 대단히 귀하기 때문에 물 대신 포도주가 가장 흔한 음료로 사용되었습니다. 그런데 잔치석상에서 포도주가 떨어졌으니 큰 일이 아닐 수 없었습니다.

우리는 여기서 포도주가 떨어졌다는 문제보다 더 중요한 문제가 있음을 간과해서는 안 됩니다. 그것은 많은 사람들이 포도주가 떨어졌다는 사실조차 몰랐다는 점입니다. 그들에게는 문제가 무엇인지도 모르는 데 문제가 있었습니다.

다행히 이 순간 마리아가 등장합니다. 마리아는 문제를 알았을 뿐만 아니라 문제를 해결할 방도까지 알고 있었습니다. 마리아는 예수님이 단순히 자신의 아들이 아닌 능력을 가진 존재임을 깨닫고 있었습니다. 그래서 포도주가 떨어진 상황을 예수께 알렸습니다. 문제를 해결하리라는 기대를 가졌습니다.

인간에게 모자람이 없었다면 우리는 모두 스스로를 신(神)으로 착각하고 살았을 것입니다. 우리가 어려운 일에 부딪칠 때마다 인간의 한계를 깨닫고 부족함을 인정하며 하나님을 찾게 되는 것이 얼마나 감사한 일인지 모릅니다. 우리는 문제를 통해서 하나님 앞에 나아갑니다. 우리를 도우실 하나님을 바라보게 됩니다.

그렇다면 문제가 있는 것이 축복입니다. 어떤 어려움이 우리를 하나님 앞으로 인도하여 그분을 신뢰하게 만든다면 우리의 약함이 도리어 은혜의 통로가 될 수 있습니다. 누군가가 너무 건강하고 똑똑하고 부유해서 하나님이 필요 없다고 느낀다면 그러한 요소들은 축복이 아니라 저주입니다. 반대로 병약하고 생활이 어려워 하나님을 갈급하게 찾는다면 그런 생활의 악조건이 복된 역할을 한 것입니다. 우리에게 닥친 문제들은 인간의 한계를 깨닫고 전능하신 하나님을 신뢰하게 만드는 전환점으로 사용될 수 있습니다.

셋째로, 문제 해결을 위해서 무엇을 해야 합니까?
5절 말씀을 보십시오.
"그 어머니가 하인들에게 이르되 너희에게 무슨 말씀을 하시든지 그대로 하라 하니라."

마리아는 예수님의 말씀에 해답이 있을 것이라고 생각했습니다. 그 예상은 적중했습니다.

"예수께서 저희에게 이르시되 항아리에 물을 채우라"(9절).

하인들은 어리둥절한 상태였지만 아마도 마리아의 권고를 따라서 주님의 말씀에 순종하기로 한 듯합니다. 인간의 머리로는 이해되지 않는 일이지만, 시키는 대로 항아리에 물을 가득 채우자 기적이 일어났습니다.

제자들도 하인들도 이 기적을 예상하지 못했습니다. 다만 문제를 발견하고 그 문제를 아뢰었을 뿐입니다. 그때 창조주이신 하나님께서 문제를 해결해 주셨습니다. 우리가 할 일은 주님의 말씀에 복종하고 그분이 주시는 교훈을 따라 사는 것입니다.

기적이 일어났을 때 잔칫집 주인과 손님들은 큰 기쁨을 얻었습니다. 그런데 기적을 통해 얻은 가장 큰 기쁨은 주님이 어떤 분인가를 알게 된 데 있습니다. 창조주 하나님이시며 우리를 구원해 주시는 예수님을 발견하게 되는 기쁨은 그 무엇에 비길 수 없는 기쁨입니다. 이 표적을 공부한 당신은 진정 우리의 문제를 해결해 주시는 주 예수 그리스도를 만나셨습니까?

2

주의 두번째 표적

요한복음 4장 43－54절

"이틀이 지나매 예수께서 거기를 떠나 갈릴리로 가시며 친히 증거
하시기를 선지자가 고향에서는 높임을 받지 못한다 하시고 갈릴리
에 이르시매 갈릴리인들이 그를 영접하니 이는 자기들도 명절에 갔
다가 예수께서 명절 중 예루살렘에서 하신 모든 일을 보았음이더라
예수께서 다시 갈릴리 가나에 이르시니 전에 물로 포도주를 만드신
곳이라 왕의 신하가 있어 그 아들이 가버나움에서 병들었더니 그가
예수께서 유대로부터 갈릴리에 오심을 듣고 가서 청하되 내려오셔
서 내 아들의 병을 고쳐 주소서 하니 저가 거의 죽게 되었음이라
예수께서 가라사대 너희는 표적과 기사를 보지 못하면 도무지 믿지
아니하리라 신하가 가로되 주여 내 아이가 죽기 전에 내려오소서
예수께서 가라사대 가라 네 아들이 살았다 하신대 그 사람이 예수
의 하신 말씀을 믿고 가더니 내려가는 길에서 그 종들이 오다가 만
나서 아이가 살았다 하거늘 그 낫기 시작한 때를 물은즉 어제 제
칠 시에 열기가 떨어졌나이다 하는지라 아비가 예수께서 네 아들이
살았다 말씀하신 그때인 줄 알고 자기와 그 온 집이 다 믿으니라
이것은 예수께서 유대에서 갈릴리로 오신 후 행하신 두번째 표적이
니라."

예수께서 공생애를 시작하시면서 행한 첫번째 기적은 물로 포도주를 만드신 사건이고 두번째 기적은 어떤 왕의 신하의 아들이 사경을 헤매게 되었을 때 그를 고치신 일입니다. 예수님의 다른 모든 기적과는 달리 가나의 혼인 잔치 기적과 이 기적에만 첫째, 둘째라는 순서가 매겨져 있습니다. 그것은 아마도 첫번째 기적과 비교하려는 성경 기자의 의도가 담겨 있는 것으로 생각됩니다. 여러 가지 면에서 첫번째 표적과 두번째 표적은 유사성과 함께 대조성을 보여 주고 있습니다.

두 표적의 유사성

첫째, 말씀의 역할이 강조되었습니다. 예수님의 어머니 마리아가 혼인 잔치석상에서 말하기를 "너희에게 무슨 말씀을 하시든지 그대로 하라"(요 2:5)고 했습니다. 하인들은 주께서 항아리에 물을 채우라고 말씀하셨을 때 순종하였습니다. 본문에서도 왕의 신하에게 "가라 네 아들이 살았다"(50절)고 말씀하셨을 때 그는 말씀을 믿고 갔습니다.

　둘째, 하나님께 영광을 나타냈습니다. 그 결과 사람들이 예수님을 믿게 되었습니다.
"제자들이 그를 믿으니라"(요 2:11).
"온 집안이 그를 믿으니라"(53절).

두 표적의 대조성

첫째, 가나의 혼인 잔치에서는 질적 변화가 강조되었고 본문의 표적에서는 거리를 초월한 사역이 강조되었습니다. 물이 포도주로 변한 것은 질적 변화인데 이로써 주께서 세상 만물을 창조하신 창조자라는 사실을 분명하게 시사하였습니다.

두번째 표적의 경우에는, 아버지가 예수께 달려와서 이렇게 말합니다.

"내려오셔서 아들의 병을 고쳐 주소서"(37절).

그때 예수께서는 가나에 계셨고 신하의 아들은 가버나움의 집에 누워 있었습니다. 지도를 보면 가버나움이 가나보다 훨씬 북쪽에 자리잡고 있습니다. 그런데 가버나움이 가나보다 지대가 훨씬 낮기 때문에 "내려오셔서"라는 표현을 사용하였습니다. 예수께서는 이 거리를 초월하여 놀라운 기적을 행하셨습니다. 우리가 누군가를 위해서 기도할 때 그 사람과의 거리는 문제가 안 됩니다. 주님은 거리를 초월하여 역사하시기 때문입니다.

둘째, 첫번째 표적은 혼인 잔치가 열리는 자리에서 일어났습니다. 그러나 두번째 표적은 죽음의 그림자가 드리워진 병석에서 일어났습니다. 예수께서는 이 정반대의 환경에 똑같이 찾아오셨습니다. 기쁨의 자리에도 함께 계시고 슬픔의 자리에도 함께 계셨습니다. 그분이 계시므로 기쁨은 배가 되었고 슬픔은 사라졌습니다. 그분은 갖가지 상황에 처해 있는 모든 인간에게 역사하시는 하나님이심을 알 수 있습니다.

어떤 왕의 신하의 아들이 사경을 헤매고 있을 때 예수께서 말씀으로 그를 고치셨습니다. 성경은 이 일을 "기적"이라 하지 않고 "표적"이라고 말합니다(54절). 표적은 교훈을 주기 위한 기적입니다.

이 표적을 통한 주님의 교훈은 한 마디로 말해 믿음이 어떻게 형성되는지 그 과정을 보이시는 것입니다. 예수께서 왕의 신하의 모습을 보기로 삼아 한 사람의 삶 가운데 어떻게 믿음을 생기게 하시고 또 어떻게 그 믿음이 참된 믿음이 되게 하시는가를 보여 주십니다. 오늘날 많은 사람들이 믿음을 갖게 되는 경험과

도 일치하는 사건입니다.

믿음의 형성 과정

왕의 신하가 어떻게 믿음을 소유하게 되었는지를 세 가지 단계로 나누어 살펴보겠습니다.

첫째로, 그는 직면한 고난 때문에 예수님 앞에 나옵니다.
고난이 예수님 앞에 나오게 하는 첫번째 이유가 되었습니다. 우리 가운데에도 고난이 없었더라면 결코 신앙을 갖지 않았을 사람이 많이 있을 것입니다. 자신의 힘으로는 해결할 수 없는 어려움에 부딪쳐 하나님을 찾게 된 경우가 신앙의 동기로 많은 비율을 차지합니다.

본문에서 살펴보고 있는 이 사람은 왕의 신하였습니다. 주전 4년부터 주후 39년까지 갈릴리 지방을 통치하고 있던 사람은 헤롯 안디바스였습니다. 그러므로 그는 로마 황제의 지배 아래 있기는 했지만 팔레스타인의 한 영토를 지배하고 있던 헤롯 안디바스 밑에서 대단히 중요한 역할을 감당하고 있던 신임받는 신하였을 것입니다. 그는 당당한 사회적 신분을 가지고 있던 사람입니다. 높은 지위와 권력을 누리고 있던 사람입니다. 소위 특권 의식을 가진 특수층 사람입니다. 이런 사람일수록 자기가 가진 특권이나 부귀나 특별한 신분 때문에 신앙에서 멀리 떨어져 있기 쉽습니다.

만약 이 사람의 아들이 질병에 걸리지 않았다면 그는 예수님을 찾지 않았을 것이 확실합니다. 아직 예수님은 기적을 한 번밖에 행하지 않았습니다. 예수님의 이름도 그리 널리 알려지지 않은 때입니다. 또한 그분은 유대 사회에서 공인된 랍비 계열에도 속하지 못하는 사람이었습니다. 그런데 이 사회에서 당당한 신분을 가진 사람이 일개 젊은 예언자를 찾아와 무릎을 꿇고 자기의 사정을 호소하고 있습니다.

많이 가진 사람이 적게 가진 사람 앞에 머리를 숙이는 일은 결코 쉽지 않습니다. 이 사람은 자기의 고난 때문에 예수님 앞에 나왔습니다. 그렇다면 고난은 얼마나 훌륭한 전도자입니까? 스펄전은 "고난은 변장을 하고 찾아온 하나님의 천사이다"라고까지 말했습니다. 이 사람은 아들을 살리기 위해 용한 의사는 다 찾아다녔을 것입니다. 그러나 그 어떤 인간의 노력으로도 아들을 살릴 수 없다는 한계에 부딪쳤을 때 나사렛 예수가 최후의 희망이 된 것입니다.

고난이 닥칠 때 사람들은 대개 두 가지 반응을 보입니다. 어떤 사람은 고난 앞에서 아주 강퍅해집니다. 하나님을 향하여 오히려 마음을 닫아 버립니다. 한편 고난으로 겸허해지는 사람이 있습니다. 고난을 통해서 자기가 피조물이라는 사실과 별 수 없는 인간임을, 연약한 인간임을 인식하고 창조주 하나님의 도우심과 긍휼을 구하는 사람입니다. 이런 사람에게 고난은 기회입니다.

왕의 신하는 고난을 기회로 사용했습니다. 그는 나사렛 예수께 마지막 희망을 걸었습니다. 원문에 보면 왕의 신하의 아들이라는 구절의 "아들" 앞에 정관사가 붙어 있는데, 어떤 학자는 추측하기를 이 아들은 아마도 외아들이었을지 모른다고 합니다. 하나뿐인 아들을 잃어버릴 위기에 처한 사람을 상상해 보십시오. 그는 지푸라기라도 잡고 싶은 심정이었을 것입니다.

『천로역정』의 저자인 존 번연은 인생의 캄캄한 심연(深淵)을 통과하여 마지막 벼랑 앞에 섰을 때, 자기 삶의 처지를 이렇게 묘사하였습니다.

"만약 예수께서 칼을 들고 마중 나온다 할지라도 나는 그분의 발 아래 내 몸을 던질 것이다. 왜냐하면 그분이 최후의 희망이기 때문이다."
예수께서 칼을 들고 우리를 마중하실 리가 없습니다. 다만 고난의 극한 상황이 예수께 대한 절박한 신뢰를 불러일으킨 것입니다.

물론 고난이 없을 때 예수님을 신뢰하고 믿는 사람은 더 복된 사람입니다. 예수께서 이런 신앙을 더 귀한 것으로 평가했습니다. 그러나 평범한 삶, 인생의 절망의 깊이를 모르고 사는, 하나님을 찾지 않는 사람을 위해 하나님께서 어떤 폭풍우를 준비하시는지도 모릅니다. 이 폭풍우는 은총입니다. 당신을 흔들어 깨우려는 하나님의 사랑이 담긴 손길입니다. 그래서 C. S. 루이스는 "고난이란 하나님의 메가폰이다"라고 했습니다. 하나님은 이 고난을 통해서 큰 소리로 말씀하시기 시작합니다. 왕의 신하는 고난을 당하여 예수님 앞에 나왔습니다.

둘째로, 그는 표적을 기다리는 믿음을 갖기 시작합니다.
"나는 기적이 필요 없다"고 말하는 사람은 아직 인생의 폭풍우를 경험하지 못한 사람입니다. 진정 내 힘으로 어찌할 수 없는 삶의 궁지에 빠진다면 저절로 하나님을 찾게 될 것입니다. 맥아더 장군은 이런 말을 좋아했습니다.
"포탄이 머리 위로 날고 있는 전쟁터의 참호 속에는 무신론자가 없다."
사람이 절박한 처지에 놓이면 하나님을 찾습니다. 이것은 참된 신앙을 형성하는 단계로 꼭 필요합니다.

기적을 기다리는 자체가 신앙은 아닙니다. 그러나 이것은 참된 신앙을 갖게 되기까지 중요한 역할을 할 수 있습니다. 만약 우리의 신앙이 표적을 기다리는 기적 중심의 신앙이라면, 그것은 건강한 신앙이 아닙니다. 종종 기적을 기다리는 사람들의 신앙은 잘못된 방향으로 나갈 수 있습니다. 흔히 표적을 기대할 때 사람들은 자기 문제에서 빠져 나오기 위해 자기가 구하는 해답만을 추구합니다. 결국 신앙이 자기 본위의 신앙으로 일그러질 가능성이 얼마든지 많이 있습니다.

47절 말씀을 보십시오.
"그가 예수께서 유대로부터 갈릴리에 오심을 듣고 가서 청하되 내려오셔서서 내 아들의 병을 고쳐 주소서 하니 저가 거의 죽게 되었음이라."
그는 예수께서 자기 아들에게 안수하시면 틀림없이 나을 것이라고 믿었습니다. 그러나 예수께서 '가지 않고도 고칠 수 있는 분'이라는 사실을 알기에는 아직도 이 사람의 믿음이 부족하였습니다. 가버나움에서 가나까지의 거리는 약 80리가 됩니다. 이 거리를 초월해서 역사할 수 있는 예수님의 전능성을 그는 아직도 알지 못했습니다.
우리는 저마다 자기가 원하는 이기적인 욕망에 근거해서 표적과 표징을 구하며 하나님 앞에 나오는 경우가 많습니다. 우리가 참된 신앙을 형성하기 위해서는 하나님의 방법대로 믿어야 할 필요가 있습니다. 신앙이란 내 힘으로 문제를 해결할 수 없으므로 하나님의 뜻을 구하는 것입니다.

예수께서는 이 사람의 상식과 선입관과 기대를 초월하여 역사하시는 모습을 보여 주셨습니다. 주님에게 시간과 공간은 별 문제가 아닙니다. 우리는 자칫 잘못 생각하여 하나님의 능력을 제한할 경우가 있습니다. 인간의 한정된 사고 구조로 하나님의 놀라운 권능을 인정하지 않을 수 있습니다. 마치 나아만이 "요단강에 몸을 일곱 번 씻으라"(왕하 5:10)는 엘리사의 말씀을 무시하려 했던 것과 같습니다.

"내 생각에는 저가 내게로 나아와 서서 그 하나님 여호와의 이름을 부르고 당처 위에 손을 흔들어 문둥병을 고칠까 하였도다"(왕하 5:11).
이것은 환자가 의사에게 처방을 지시하고 있는 것입니다.

내가 내 삶의 주인이 될 수 없음을 깨달은 사람들은 예수 그리스도 앞에 나와 그분을 주님으로 부르기 시작합니다. 하나님을 나의 주님으로 발견하는 순간 진정한 신앙이 비로소 형성될 수 있습니다. 왕의 신하의 고집과 편견을 깨기 위해 예수께서는 다만 이렇게 말씀하셨습니다.
"가라 네 아들이 살았다"(50절).

셋째로, 그는 말씀을 신뢰하는 신앙을 갖게 됩니다.

50절 말씀을 보십시오.
"예수께서 가라사대 가라 네 아들이 살았다 하신대 그 사람이 예수의 하신 말씀을 믿고 가더니."
예수께서는 말씀만 하셨는데 이 사람은 한 순간에 그 말씀을 신뢰했습니다. 무엇이 이 사람에게 이런 믿음을 갖도록 했는지는 나와 있지 않아서 우리가 알 수는 없습니다. 어쨌든 그는 "살았다"고 말씀하시는 예수님의 권위를 신뢰하고 집으로 갑니다. 확인 과정 없이 말씀을 신뢰하게 된 것입니다. 기적을 안 보고도 믿을 수 있다면 이것은 더 귀한 신앙입니다. 기적보다 중요한 것은 말씀입니다. 우리는 표적 없이도 말씀을 신뢰하는 믿음을 소유해야 합니다.

본문에서 아주 흥미 있는 변화는 이 사람이 주님의 말씀을 믿자마자 여유를 얻었다는 사실입니다. 예수께서 "너희는 표적과 기사를 보지 못하면 도무지 믿지 아니하리라"(48절)고 하신 이유는 신앙의 초점이 말씀에 대한 신뢰에 있어야 한다는 사실을 강조하기 위해서였습니다. 이 왕의 신하는 정말 표적 없이도 주님의 말씀을 믿었습니다. 가버나움에서 가나는 걸어서 네다섯 시간이 걸리는 거리입니다. 그 날로 갈 수 있는 거리인데 이 사람은 다음날 종들을 만났습니다(52절). 예수님의 말씀을 듣고 믿었을 때 마음이 평안해진 것입니다. 집으로 급히 달려가 확인해 보지 않고도 아이가 낳은 것을 믿었다는 증거입니다.

우리가 얼마나 바르게 기도했는가는 기도한 뒤 우리의 행동을 보면 알 수 있습니다. 내가 기도한 내용을 온전히 주께서 이루어 주실 줄로 믿는다면 그 문제를 걱정하지 않아야 합니다. 마음에 여유와 기쁨을 소유해야 합니다.

표적은 언제나 예수님이 누구이신가에 초점을 맞추고 있습니다. 우리는 표적을 통해서도 예수님을 믿을 수 있지만 그보다는 말씀을 믿어야 합니다. 성경은 한 분 예수 그리스도를 보여 줍니다. 말씀으로 창조주이시고 구원자이신 예수 그리스도를 믿을 수 있어야 합니다. 오히려 축복의 수로가 되는 고난에 직면했을 때 말씀을 의지하여 승리하는 그리스도인이 되기 바랍니다.

3

자비의 기적

요한복음 5장 1-9절

"그 후에 유대인의 명절이 있어 예수께서 예루살렘에 올라가시니라 예루살렘에 있는 양문 곁에 히브리 말로 베데스다라 하는 못이 있는데 거기 행각 다섯이 있고 그 안에 많은 병자, 소경, 절뚝발이, 혈기 마른 자들이 누워 (물의 동함을 기다리니 이는 천사가 가끔 못에 내려와 물을 동하게 하는데 동한 후에 먼저 들어가는 자는 어떤 병에 걸렸든지 낫게 됨이러라) 거기 삼십팔 년 된 병자가 있더라 예수께서 그 누운 것을 보시고 병이 벌써 오랜 줄 아시고 이르시되 네가 낫고자 하느냐 병자가 대답하되 주여 물이 동할 때에 나를 못에 넣어 줄 사람이 없어 내가 가는 동안에 다른 사람이 먼저 내려가나이다 예수께서 가라사대 일어나 네 자리를 들고 걸어가라 하시니 그 사람이 곧 나아서 자리를 들고 걸어가니라."

 장에서 살펴볼 기적은 예수께서 베데스다 연못에서 38년간 병으로 고생하던 사람에게 자비를 베푸신 사건입니다. 『베데스다』의 뜻은 "자비의 집"입니다. 이 베데스다 연못은 예루살렘의 양문 곁에 있었습니다. 저는 이 양문(羊門)을 양문(兩門)으로 잘못 알고 있던 적이 있었습니다. 예루살렘에는 양쪽에 문이 두 개 있는 줄로 생각했던 것입니다. 이것은 "양의 문"(sheep gate)입니다. 지금은 "스데반의 문"이라고 부르며 예루살렘 동북쪽에 위치해 있습니다.

"양의 문"이라는 이름이 붙은 이유는 성전에 제물로 드릴 속죄 양들을 이 문을 통해서 들여왔기 때문입니다. 스데반의 문 안쪽으로 들어가 보면 바로 옆에 베데스다 못이 아직까지 남아 있는 것을 볼 수 있습니다. 그리고 스데반의 문 위쪽에는 지금도 양을 사고 파는 장터가 있습니다.

"자비의 집"이라는 뜻의 못에서 주께서 사랑의 기적을 베푸셨다는 사실은 의미심장합니다. 이 연못가에 앉아 있던 사람들은 자기들의 죄를 대신해 속죄의 제물로 죽어갈 양들이 그 문을 통과하는 모습을 보았을 것입니다. 이는 아주 감동적인 장면입니다. 우리를 대신해서 희생을 치러야 할 양들이 그 문을 통과하는 모습은 예수 그리스도의 구속(救贖)을 상징하였습니다. "보라 세상 죄를 지고 가는 하나님의 어린양이로다"(요 1:29).

이런 의미 있는 장소에서 예수께서 자비의 기적, 사랑의 기적을 일으키셨습니다. 이 기적의 주인공은 38년 된 병자였습니다. 38년이란 긴 세월을 병마와 싸운 한 사람을 상상해 보십시오. 38이란 숫자는 유대인에게 그냥 지나칠 수 없는 중요한 숫자입니다. 우리에게 "일제(日帝) 36년"이란 잊을 수 없는 숫자가 있는 것과 같습니다.

신명기 2장 14절에 "가데스 바네아에서 떠나 세렛 시내를 건너기까지 삼십팔 년 동안이라 이때에는 그 시대의 모든 군인들이 여호와께서 그들에게 맹세하신 대로 진 중에서 다 멸절되었나니"라는 말씀이 기록되어 있습니다. 이스라엘 민족이 애굽을 떠나 가나안에 도착하기까지 40년이 걸렸는데, 그들은 가데스 바네아를 중심으로 해서 광야를 38년이나 방황했습니다. 그러므로 이스라엘 사람에게 38이란 숫자는 광야의 고생스러웠던 기간을 상기시킵니다.

본문에 나오는 병자는 38년 동안 병을 앓았으니 얼마나 희망이 없는 삶을 살았겠습니까? 우리는 그가 구체적으로 어떤 병을 앓고 있었는지 알지 못합니다. 베데스다 못가에는 병자들이 상당히 많이 있었습니다.
"그 안에 많은 병자, 소경, 절뚝발이, 혈기 마른 자들이 누워"(3절).
아마도 이 사람은 세 가지 병을 모두 앓고 있었을지도 모릅니다. 어디가 어떻게 아픈 환자인지는 모르지만, 38년 동안 병을 앓으면서 재산을 탕진하고 괴로움을 당했던 이 병자의 절망적인 세월은 가히 짐작할 수 있습니다.
예수께서 이 사람에게 기적을 행하셨습니다. 이 자비의 기적을 관찰하면서 우리 주님의 자비의 본질, 사랑의 본질이 어떤 것인가 살펴봅시다. 38년 된 병자를 향한 주님의 자비가 **세 가지** 형태로 나타났습니다.

은혜로 선택하심

선택 그 자체가 은혜입니다. 베데스다 못가에는 굉장히 많은 병자들이 있었습니다. 예수께서 그 중에서 특별히 이 사람을 선택하셨습니다. 그리고 이 사람에게 병 고침의 은혜를 베푸셨습니다.

이 세상에는 무수한 많은 사람들이 살고 있지만, 주께서 당신을 선택하여 하나님을 알게 하고 예수님을 믿게 하여 구원하셨습니다. 이것이 은혜이고 자비입니다. 영어의 "mercy"라는 단어는 "은혜", "사랑"과 공통점이 있고 연관성이 있지만 그보다 훨씬 더 깊은 의미를 가진 강렬한 "하나님의 사랑의 행동"을 내포하는 단어입니다. 그분은 우리에게 자비를 베푸셨습니다. 자비는 행동입니다.

당신이 선택되었다는 것이 다른 사람은 다 버림을 받았다는 의미는 아닙니다. 선택은 하나님의 은혜와 자비의 출발점입니다. 주님이 당신을 선택하셨다는 것은 당신을 통하여 하나님의 은혜와 자비를 나타내시겠다는 의미입니다. 하나님이 아브라함을 부르고 선택하신 것은 아브라함을 통해서 복음을 전하고 사랑과 자비를 온 우주에 나타내기 위함이었습니다. 아브라함만 선택하고 다른 사람을 다 버린 것이 아닙니다.
"너희가 나를 택한 것이 아니요 내가 너희를 택하여 세웠나니 이는 너희로 가서 과실을 맺게 하고 또 너희 과실이 항상 있게 하여 내 이름으로 아버지께 무엇을 구하든지 다 받게 하려 함이니라"(요 15:16).

많은 사람들 가운데서 당신이 먼저 하나님을 알게 되고 그 영광스러운 구원과 사랑을 체험한 일은 놀라운 은혜입니다. 당신의 공로로 선택받지 않았습니다. 무조건적인 하나님의 사랑 덕분에 그분의 자녀가 되었습니다. 38년 된 병자를 향한 주님의 자비는 이러한 선택의 은혜로 시작되었습니다.

6절 말씀을 보십시오.
"예수께서 그 누운 것을 보시고 병이 벌써 오랜 줄 아시고 이르시되 네가 낫고자 하느냐."

이 말씀에서 행동의 주체는 예수님입니다. 병자는 고쳐 달라고 애원하지 않았습니다. 이 사람은 완전히 자포자기 상태에 있었는지도 모릅니다. 그 현장에 주님이 먼저 다가가셨습니다. 우리가 간과해서는 안 될 동사가 있는데, "보시고"와 "아시고"입니다. 예수께서 그 병자가 얼마나 오랜 세월 동안 고생하고 고통스러워했는지를 보시고 아셨습니다.

우리 역시 우리의 형편을 미리 아시고 우리에게 다가오시는 주님을 만나게 됩니다. 우리가 아뢰기 전에 주께서 먼저 우리의 아픔과 절망과 슬픔을 보시고 아십니다.

"너희가 나를 택한 것이 아니요 내가 너희를 택하여 세웠나니"(요 15:16)라는 말씀은 구원의 주체는 주님임을 강조합니다. 즉, 예수께서 먼저 우리를 사랑하셨다는 이야기입니다. 우리의 구원은 우리를 일방적으로 사랑하신 하나님의 사랑의 사건입니다. 예수께서 먼저 우리를 보시고 아시고 우리 삶의 장(場)에 뛰어드셨습니다. 38년간 병으로 고생하던 사람을 향한 주님의 자비는 이런 식으로 나타났습니다.

소망을 주심

예수께서 병자의 마음에 희망을 심어 주는 것으로 치유를 시작하십니다.
"네가 낫고자 하느냐"(6절).
병자에게 낫기를 원하느냐고 질문하는 이유가 어디 있습니까? 이 사람은 아마도 자신의 병을 고치는 것을 포기하였던가 봅니다. 사실 38년쯤 병을 앓으면 포기할 만도 합니다. 이 사람에게 병을 고칠 수 있다고 희망을 준 사람은 아무도 없었을 것입니다.

예수께서 낫기를 원하느냐고 물으셨을 때, 그 병자는 어쩌면 나을 수도 있겠다는 새로운 희망을 품게 되었을 것입니다. **우리는 본문에서 주님의 사랑을 엿볼 수 있습니다. 주님은 언제나 우리들에게 희망과 삶의 의욕을 불러일으키십니다.** 우리는 주님의 모습을 통해 배워야 합니다. 주위 사람들에게 희망을 싹 틔우는 메시지를 전해야 합니다.

그 다음으로 예수께서 이렇게 말씀하십니다.
"일어나 네 자리를 들고 걸어가라"(8절).
이것은 주께서 내리신 구원의 명령입니다. 사실 이 말씀은 대단히 어이없는 명령입니다. 이 사람은 지금 일어날 수 없는 사람입니다. 이치에 맞지 않는 말을 들은 병자는 주님을 무시할 수도 있었습니다.
예수께서 인간이 할 수 없는 일을 명하셨습니다. 그러나 이 명령에는 사람을 살릴 수 있는 어마어마한 권세가 들어 있었습니다.

이 병자가 한 일은 무엇입니까? 아무 것도 없습니다. 순종밖에는 없습니다. 그는 예수님을 믿고 순종하여 자리에서 일어났습니다. 그때 기적이 일어났습니다. 38년간 앓던 사람이 자리를 들고 걸었습니다. 패배와 절망의 삶을 박차고 일어나 새로운 내일을 향해서 힘찬 발걸음을 내디뎠습니다.

값 비싼 대가를 치르심

본문을 묵상하면서 간과하지 않아야 할 사항은 주님이 병자를 치료하신 시간입니다. 9절에 보면 "이 날은 안식일"이라고 했습니다. 안식일에 병을 고치면 율법에 따른 문제가 발생합니다. 그러나 예수께서는 개의치 않으시고 할 일을 하셨습니다. 바리새인과 율법주의자들의 비난과 정죄와 고발을 감수하면서까지 병자를 고치는 기적을 행하셨습니다.

사랑은 때때로 핍박과 수고의 짐을 요구합니다. 예수께서는 이 짐을 거부하지 않으셨습니다. 주님의 십자가가 바로 사랑의 증거입니다. 십자가는 저주의 형틀입니다. 예수님 당시 가장 흉악한 범죄자들이 받는 형벌이 십자가 처형이었습니다. 죄 없으신 주님이 그 십자가에 매달려 돌아가심으로써 우리를 구원하셨습니다.

예수께서 이 사랑의 짐을 지고 지금도 우리를 용서하고 자녀로 받아들이십니다. **우리가 값없이 구원을 얻도록 하나님의 아들이 생명을 버리셨습니다. 값 비싼 대가를 치르고 우리에게 영생을 허락하셨습니다. 우리가 구원받기 위해서 행한 일은 아무 것도 없습니다. 구원은 하나님의 은혜이며 선물로 받은 것입니다.**
"너희가 그 은혜를 인하여 믿음으로 말미암아 구원을 얻었나니 이것이 너희에게서 난 것이 아니요 하나님의 선물이라 행위에서 난 것이 아니니 이는 누구든지 자랑치 못하게 함이니라"(엡 2: 8,9).
"너희 목마른 자들아 물로 나아오라 돈 없는 자도 오라 너희는 와서 사 먹되 돈 없이, 값없이 와서 포도주와 젖을 사라"(사 55:1).
놀랍게도 가장 귀한 것이 값없이 주어졌습니다. 어머니의 사랑, 늘 들이마시는 공기도 값없이 주어졌습니다. 가장 위대한 것은 하나님께서 선물로 주셨습니다. 이 은혜는 예수께서 피 흘리는 값 비싼 대가를 지불한 결과입니다.
당신은 이 짤막한 치유의 기적에서도 십자가를 발견할 수 있어야 합니다. 사랑과 생명을 내놓으신 주님의 값 비싼 희생을 담보로 38년 된 병자가 고침을 받았습니다. 그분은 지금도 그렇게 역사하십니다.

4

오병이어의 표적

요한복음 6장 1—15절

"그 후에 예수께서 갈릴리 바다 곧 디베랴 바다 건너편으로 가시매 큰 무리가 따르니 이는 병인들에게 행하시는 표적을 봄이러라 예수 께서 산에 오르사 제자들과 함께 거기 앉으시니 마침 유대인의 명 절인 유월절이 가까운지라 예수께서 눈을 들어 큰 무리가 자기에게 로 오는 것을 보시고 빌립에게 이르시되 우리가 어디서 떡을 사서 이 사람들로 먹게 하겠느냐 하시니 이렇게 말씀하심은 친히 어떻게 하실 것을 아시고 빌립을 시험코자 하심이라 빌립이 대답하되 각 사람으로 조금씩 받게 할지라도 이백 데나리온의 떡이 부족하리이 다 제자 중 하나 곧 시몬 베드로의 형제 안드레가 예수께 여짜오되 여기 한 아이가 있어 보리떡 다섯 개와 물고기 두 마리를 가졌나이 다 그러나 그것이 이 많은 사람에게 얼마나 되겠삽나이까 예수께서 가라사대 이 사람들로 앉게 하라 하신대 그곳에 잔디가 많은지라 사람들이 앉으니 수효가 오천쯤 되더라 예수께서 떡을 가져 축사하 신 후에 앉은 자들에게 나눠 주시고 고기도 그렇게 저희의 원대로 주시다 저희가 배 부른 후에 예수께서 제자들에게 이르시되 남은 조각을 거두고 버리는 것이 없게 하라 하시므로 이에 거두니 보리 떡 다섯 개로 먹고 남은 조각이 열두 바구니에 찼더라 그 사람들이 예수의 행하신 이 표적을 보고 말하되 이는 참으로 세상에 오실 그 선지자라 하더라 그러므로 예수께서 저희가 와서 자기를 억지로 잡 아 임금 삼으려는 줄을 아시고 다시 혼자 산으로 떠나가시니라."

 한복음에 기록된 기적들은 단순한 기적(miracle)이 아니라 표적(sign)입니다. 표적은 그 자체에 의미가 있는 것이 아니라 교훈을 가르치는 데 요긴한 도구로 쓰입니다. 병든 사람을 고치고 배고픈 사람을 먹이는 기적에 담긴 교훈이 있다는 말입니다. 만일 그 교훈을 제대로 파악하지 못한다면 그 많은 기적은 다 무의미해집니다.

본문에는 예수께서 보리떡 다섯 개와 물고기 두 마리로 많은 사람을 먹이신 사건이 기록되어 있습니다. 이 기적을 단순히 "예수께서 배고픈 사람들을 불쌍히 여기시어 그들을 먹이셨다. 그러므로 우리도 구제에 힘써야 한다"고만 교훈을 받는다면 이 것은 성경을 수박 겉 핥기 식으로 접근하는 것입니다. 물론 그 것도 중요한 교훈입니다. 그러나 예수께서 강조하시는 더욱 심오한 교훈을 놓치는 실수를 범해서는 안 됩니다.

표적이 주는 교훈

요한복음 6장 26절 말씀을 보십시오.
"예수께서 대답하여 가라사대 내가 진실로 진실로 너희에게 이르노니 너희가 나를 찾는 것은 표적을 본 까닭이 아니요 떡을 먹고 배 부른 까닭이로다."
이스라엘 백성들은 표적에서 교훈을 얻지 못했습니다. 단순히 배 부른 데만 만족했습니다. 이러한 군중들을 보시고 예수께서 이렇게 말씀하셨습니다.
"썩는 양식을 위하여 일하지 말고 영생하도록 있는 양식을 위하여 하라 이 양식은 인자가 너희에게 주리니 인자(人子)는 아버지 하나님의 인치신 자니라"(27절).
주께서는 썩지 아니할 양식을 언급하셨습니다.
"예수께서 가라사대 내가 곧 생명의 떡이니 내게 오는 자는 결코 주리지 아니할 터이요"(35절).

예수께서 사람들에게 주고자 했던 것은 신령한 떡이었습니다. 바로 주님 자신이었습니다.

"진실로 진실로 너희에게 이르노니 믿는 자는 영생을 가졌나니 내가 곧 생명의 떡이로라"(47, 48절).

"예수께서 이르시되 내가 진실로 진실로 너희에게 이르노니 인자의 살을 먹지 아니하고 인자의 피를 마시지 아니하면 너희 속에 생명이 없느니라"(53절).

예수께서 오병이어(五餠二魚)의 기적을 행하신 의도를 분명히 알 수 있는 말씀들입니다. 물론 예수께서는 굶주린 군중들에게 관심을 가지셨고 긍휼히 여기셨습니다. 그래서 그들의 필요를 충족시켜 주셨습니다. 그러나 예수께서 모든 시대를 살아가는 사람들에게 진정 주시고자 했던 것은 자기 자신이었습니다.

예수께서 군중들에게 떡을 주실 때 자신이 십자가에 달릴 일을 내다보셨을지도 모릅니다. 예수님을 주로 모시는 일은 허기진 배를 채우는 일보다 더 크고 중요한 것이었습니다. 즉, 영혼의 갈급함을 채워 주는 예수 그리스도를 만나 그분을 생명의 떡으로, 구세주로 믿는 일입니다.

우리가 세상 사람들에게 주어야 할 진정한 떡 역시 생명의 떡이신 그리스도입니다. 우리 주변의 불쌍하고 굶주린 이웃들을 먹이는 책임은 중요합니다. 그러나 영혼을 구원하는 선교보다 중요하지 않습니다. 결국 우리의 육체는 썩을 몸입니다. 영원한 생명을 위해서는 반드시 그리스도가 필요합니다. 이 메시지를 놓친다면 오병이어의 기적을 잘못 보는 것입니다.

본문의 기적은 온 세상을 향한 그리스도인들의 책임을 일깨우는 기적입니다. 들판에 모여 있던 그 굶주린 무리들은 그리스도를 모르는 세상의 수많은 영혼들을 가리킵니다. 우리는 그들에게 그리스도의 복음을 전할 책임을 부여받았습니다.

"너희는 가서 모든 족속으로 제자를 삼아 아버지와 아들과 성령의 이름으로 침례(세례)를 주고 내가 너희에게 분부한 모든 것을 가르쳐 지키게 하라"(마 28:19, 20).

우리는 이 명령 앞에서 무력해지는 우리 자신을 발견합니다. 우리는 물론 헌신한 그리스도인으로 전도하기를 원하고, 실제로 교회에서 각종 봉사 활동에 전념하고 있는지 모릅니다. 그런데 본문에 나타난 안드레처럼 의심에 찬 질문을 할 수도 있습니다. "그러나 그것이 이 많은 사람에게 얼마나 되겠삽나이까"(9절). 반면 보리떡 다섯 개와 물고기 두 마리를 가져온 아이처럼 주님 말씀에 그대로 순종할 수도 있습니다.

제자들의 반응

똑같은 기사를 다루고 있는 마태복음에서는 예수께서 제자들에게 이렇게 말씀하신 것으로 되어 있습니다.
"갈 것 없다 너희가 먹을 것을 주어라"(마 14:16).
군중들을 먹이는 것이 제자들의 책임임을 지적하십니다. 이웃의 어려움을 우리가 책임져 줄 수 있어야 함을 뜻하는 말씀입니다. 이때 제자들의 반응은 "할 수 없다"였습니다. 본문에는 빌립과 안드레가 등장하는데 두 사람 다 비관에 빠졌습니다.

첫째 / 빌립

빌립은 계산이 빠르고 사리를 잘 분별하는 사람입니다. 들판에 앉았던 사람들은 오천 명쯤 된다고 했는데(10절), 이는 여자와 아이들을 제외하고 남자들만 계산한 수치입니다. 그러니까 그 들판에는 적어도 만 명이 훨씬 넘는 사람이 있었을 것입니다. 이들을 다 먹이려면 얼마만한 돈이 필요하겠습니까? 빌립은 즉시 계산을 마쳤습니다. 먹을 것을 조금씩 나누어 준다 해도 이백 데나리온으로는 부족할 것이라고 했습니다. 그 당시 일꾼이 하루 열심히 일하고 받는 품삯이 한 데나리온입니다. 이백 데나리온이면 일곱 달치 월급이 되는 셈입니다. 빌립은 정확하게 문제를 파악했지만 해결책을 강구하지 못한 채 절망했습니다. 이것이 빌립의 모습입니다.

둘째 / 안드레

안드레는 빌립보다는 적극적입니다. 그러나 여전히 비관주의자입니다. 그는 아무 것도 할 수 없다고 포기하지 않고 어린아이 한 명을 찾아냈습니다. 소년은 보리떡 다섯 개와 물고기 두 마리를 가지고 있었습니다. 이는 대단히 보잘것없는 도시락이었습니다. 모여 있던 많은 사람들을 생각할 때 안드레는 다시금 절망에 빠질 수밖에 없었습니다.

빌립이나 안드레나 그 밖에 다른 제자들은 예수님을 믿고 있던 사람들입니다. 그분이 병 고치고 갖가지 기적을 행하실 때 곁에서 보았던 증인들입니다. 그런 제자들이 예수께서 역사하실 것을 예상치 못한 채 절망하고 있습니다. 주님의 능력을 어느 누구도 기대하지 않았다는 것은 심히 부끄러운 일입니다. 혹시 당신도 당면한 현실의 어려운 문제로 자포자기하지는 않습니까?

어린아이의 반응

우리는 가끔 하나님께서 우리 없이는 아무 일도 못하실 것이라는 착각을 합니다. 예수께서 보리떡 다섯 개와 물고기 두 마리를 가져온 아이가 없었다면 이 기적을 행하지 못하셨겠습니까? 물론 그렇지 않습니다. 오히려 어린아이의 등장 없이 기적을 행하시어 사람들을 더욱 놀라게 할 수도 있었습니다. 그러나 주께서는 그렇게 하지 않으셨습니다. 그 이유는 하나님의 역사하심에 우리 인간을 참여시켜 은혜를 누리게 하기 위함입니다. 오병이어의 기적에서 가장 놀라운 체험을 하고 기쁨을 얻은 사람은 바로 자신의 도시락을 바친 아이였을 것입니다.

예수께서는 저와 당신 없이도 일하실 수 있습니다. 그런데 그분은 우리를 통해서 일하기를 원하십니다. 하나님의 사역에 동참할 동역자로 우리를 부르십니다. 우리를 주님의 놀라운 계획을 이루는 도구로 사용하기 원하십니다. 그분의 은혜가 우리에게 넘치게 하기 위함입니다.

교회에서 열심히 봉사하던 사람이 갑자기 교회를 떠나는 경우가 있습니다. 그런 사람들은 대개 자기가 없어지면 교회 일이 잘 되지 않을 것이라 생각하면서 '어디 맛 좀 봐라' 하는 식으로 교회를 떠납니다. 그런데 교회 역사를 살펴보면 하나님의 일은 우리 인간 없이도 잘 진척되어 나갑니다. 누군가가 빠져 나가면 하나님은 다른 사람을 쓰십니다. 우리는 우리가 하나님 일에 기여하고 있다는 착각에서 깨어나야 합니다.

오히려 하나님께서 부족하고 연약한 나를 일할 수 있게 부르시고 섬김의 기회를 주신 은혜에 감사해야 합니다. 헌금을 드리고 구제하고 봉사하는 일은 그리스도인의 의무가 아니라 특권입니다.

고린도전서 1장 26-29절 말씀을 보십시오.
"형제들아 너희를 부르심을 보라 육체를 따라 지혜 있는 자가 많지 아니하며 능한 자가 많지 아니하며 문벌 좋은 자가 많지 아니하도다 그러나 하나님께서 세상의 미련한 것들을 택하사 지혜 있는 자들을 부끄럽게 하려 하시고 세상의 약한 것들을 택하사 강한 것들을 부끄럽게 하려 하시며 하나님께서 세상의 천한 것들과 멸시받는 것들과 없는 것들을 택하사 있는 것들을 폐하려 하시나니 이는 아무 육체라도 하나님 앞에서 자랑하지 못하게 하려 하심이니라.”

우리가 잘나서 봉사하는 것이 아님을 바울 사도의 말씀에서 깨달을 수 있습니다. 모든 일은 하나님께서 하십니다. 그리고 그 모든 영광은 주께서 홀로 받으십니다. 우리를 택하사 그 영광에 참여하게 하신 은총은 감사와 감격을 불러일으킵니다.

우리는 할 일 많은 이 세상에 살고 있습니다. 우리에게는 중대한 과제가 주어졌습니다. 「세계 복음화」라는 명령은 우리 힘으로는 도저히 할 수 없는 일이라고 여겨집니다. 그런데 이 명령을 예수께 직접 받았던 제자들도 특별한 사람들은 아니었습니다. 우리와 같이 평범한 그들이었습니다. 예수께서 우리에게 요구하시는 것은 뛰어난 지식이나 눈에 띄는 재주가 아닙니다.

예수께서 요구하시는 것은 순종입니다. 예수께서 떡 다섯 개와 물고기 두 마리를 “내게 가져오라”(마 14:18 참조) 말씀하셨을 때 아이가 순종하고 바친 모습을 우리가 배워야 할 것입니다. 만약 당신이 주님의 도구가 되기로 결심하고 감사하는 마음으로 순종한다면, 하나님께서 당신을 통해서 이 세상을 놀라게 하실 것입니다. 한 어린아이를 통해서 기적을 베푸신 것처럼 말입니다.

블레셋이 쳐들어왔을 때 골리앗을 무찌른 사람은 사울 왕이 아니라 어린 목동 다윗이었습니다. 교회사에 빛나는 인물인 마르틴 루터도 당시 로마 교회에서 권력을 잡고 있던 사람이 아니었습니다. 언제나 역사에 놀라운 일이 생길 때 하나님께서는 뜻밖의 인물을 들어 쓰셨습니다. 하나님 뜻에 순종하는 겸손하고 이름 없는 사람들을 사용하셨습니다.

본문의 기적에서 우리가 깨달아야 하는 것은 나를 통해 역사하기 원하시는 주께 온전히 순종하는 삶입니다. 우리가 감당할 수 없는 일

이라 해서 제자들과 같이 절망 가운데 포기하는 것이 아니라, 어린아이와 같은 믿음으로 하나님께서 일하실 것을 믿으며 도구로 써 주심을 감사하며 주께 자신을 내어 놓는 삶입니다.

5

내니 두려워 말라

요한복음 6장 16 – 21절

"저물매 제자들이 바다에 내려가서 배를 타고 바다를 건너 가버나
움으로 가는데 이미 어두웠고 예수는 아직 저희에게 오시지 아니하
셨더니 큰 바람이 불어 파도가 일어나더라 제자들이 노를 저어 십
여 리쯤 가다가 예수께서 바다 위로 걸어 배에 가까이 오심을 보고
두려워하거늘 가라사대 내니 두려워 말라 하신대 이에 기뻐서 배로
영접하니 배는 곧 저희의 가려던 땅에 이르렀더라"

**본**문은 오병이어의 기적 직후에 일어난 사건을 취급하고 있는 기사입니다. 우리는 오병이어의 기적을 목격했던 군중들의 흥분을 짐작할 수 있습니다. 제자들의 감격을 능히 상상할 수 있습니다. 군중들은 이 사건 직후에 예수님을 왕으로 추대하려는 움직임을 보이기 시작했습니다.

'이런 분이면 우리들의 식량 문제는 넉넉히 해결할 수 있지 않겠는가?'

'이런 분이면 우리가 안고 있는 사회 정치 문제를 능히 해결할 수 있지 않겠는가?'

그러나 주님은 왕이 되라는 유혹을 뿌리치시고, 무리들과 제자들을 떠나 보내시고, 가까운 산으로 피하여 기도하셨습니다. 이때 배를 타고 갈릴리 바다를 건너가던 제자들 앞에 갑자가 풍랑이 몰아치고, 파도가 일어나고, 큰 바람이 불기 시작했습니다. 배에 타고 있던 제자들은 불안과 좌절과 실망과 낙심에 빠져 살 길을 구하여 애써 노를 저었습니다.

이때 예수께서 파도가 일어나는 바다 위를 걸어 제자들을 향해서 다가오십니다. 제자들이 유령인가 하여 더욱 놀라고 더욱 불안해 할 때, 뜻밖에도 주님의 음성이 들려 왔습니다.

"내니 두려워 말라"(20절).

제자들은 비로소 주님을 모시고 목적지까지 무사히 도착했으며, 바람도 파도도 잠잠해졌습니다.

이것은 우리가 너무 잘 알고 있는 성경의 사건입니다. 그런데 왜, 무엇 때문에 제자들에게 갈릴리 바다에서 풍랑을 만나는 고난이 필요했겠습니까? 참새 한 마리도 하나님의 허락 없이는 땅에 떨어질 수 없다고(마 10:29 참조) 하신 주께서 제자들이 고난을 겪도록 만드신 이유는 도대체 무엇입니까?

제자들이 고난받은 이유

제자들은 바다에서 고난을 받기 전에 기적을 체험했습니다. 오천 명 이상 되는 수많은 사람들을 보리떡 다섯 개와 물고기 두 마리로 먹이시는 주님의 위대한 기적을 체험했습니다. 제자들은 놀라운 능력을 소유하신 주님과 함께 지내는 것만으로도 자신들이 특권을 누리고 있다고 생각했을 것입니다. 그런데 그 기쁨도 잠깐이었습니다. 제자들은 곧 바다에서 풍랑을 만났습니다. 예수께서 제자들을 위험에 처하게 하신 이유는, 지금은 그들과 함께 있지만 머지않아 그들만 남겨 두고 떠나야 한다는 사실을 아셨기 때문입니다.

예수께서 제자들과 함께 있을 때는 그들의 문제를 해결해 줄 수 있고 위로해 줄 수 있고 필요를 채워 줄 수 있지만, 그들만 있을 때는 어찌될 것인지를 염려하셨습니다. 그래서 예수께서 제자들에게 중대한 교훈을 가르쳐야 할 필요를 느끼셨습니다. 주님이 제자들 곁에 계시지 않을 때 그들은 과연 어떻게 살아가야 할 것인가?

예수께서는 요한복음 13장에서 제자들 곁을 떠나 아버지께로 가야 한다는 말씀을 하십니다. 제자들은 주께서 떠나가신다는 사실 때문에 모두 깊은 근심에 잠겼습니다. 예수께서 제자들의 마음을 아시고 요한복음 14장에서 "너희는 마음에 근심하지 말라 하나님을 믿으니 또 나를 믿으라"(1절)고 말씀을 하시면서 **네 가지 약속**을 남기셨습니다.

첫째로, 예수께서 기도에 응답하시겠다고 약속하셨습니다.
"너희가 내 이름으로 무엇을 구하든지 내가 시행하리니 이는 아버지로 하여금 아들을 인하여 영광을 얻으시게 하려 함이라"

(13절).

예수께서 우리 곁을 떠나시면서 우리에게 기도하라고 말씀하셨습니다. 예수께서는 우리 곁에 보이는 실체로 있지는 않다 하더라도 우리의 간구를 듣고 시행하리라고 약속하셨습니다.

둘째로, 예수께서 영원토록 우리와 함께 계실 것을 약속하셨습니다.

"내가 아버지께 구하겠으니 그가 또 다른 보혜사를 너희에게 주사 영원토록 너희와 함께 있게 하시리니"(16절).

『보혜사』는 "부름을 받아 내 곁에 계시면서 내 문제를 해결하고 나를 도와주시는 분"을 말합니다. 제자들을 보호하고 위로하고 은혜를 베풀던 예수님이 떠나가시면서 또 다른 보혜사를 보내시어 영원토록 우리와 함께 있도록 하리라 말씀하셨습니다. 비록 예수님의 몸은 우리와 함께 있지 않지만 진리의 영인 성령님을 통하여 함께 있을 것을 약속하셨습니다. 세상에서 우리와 함께 계시는 보혜사 성령님은 하나님의 영적인 임재를 나타냅니다.

"내가 너희를 고아와 같이 버려 두지 아니하고 너희에게로 오리라"(18절).

"나의 계명을 가지고 지키는 자라야 나를 사랑하는 자니 나를 사랑하는 자는 내 아버지께 사랑을 받을 것이요 나도 그를 사랑하여 그에게 나를 나타내리라"(21절).

하나님의 말씀을 간직하고 그 계명을 지키는 자를 예수께서 사랑하시며 그에게 자신을 나타내시리라 약속하셨습니다.

셋째로, 예수께서 보혜사를 통해 우리를 가르치시겠다고 약속하셨습니다.

"보혜사 곧 아버지께서 내 이름으로 보내실 성령 그가 너희에게 모든 것을 가르치시고 내가 너희에게 말한 모든 것을 생각나게 하시리라"(26절).

예수께서 제자들에게 여러 가지 말씀과 비유를 들어 하늘나라에 관해 가르치시고 진리를 깨닫게 하셨는데, 이후로는 성령님이 우리를 가르치실 것이고 또 주께서 가르치신 모든 것을 생각나게 하시리라 말씀하십니다.

넷째로, 예수께서 우리에게 평안을 약속하셨습니다.
"평안을 너희에게 끼치노니 곧 나의 평안을 너희에게 주노라"(27절).

마침내 예수께서 제자들 곁을 떠나셨습니다. 그분은 십자가에 달려 죽으셨습니다. 그리고 말씀하신 대로 사흘 만에 부활하신 뒤 하늘로 올라가셨습니다. 지금 그분은 하나님 보좌 우편에 앉아 계십니다.

이제 제자들과 주님은 서로 떨어져 있습니다. 주님은 약속하신 대로 성령을 보내 주셨습니다. 그 성령께서 우리와 함께하시고 우리를 가르치고 계십니다. 또한 주님은 우리를 위해서 기도하고 계십니다.

"죽으실 뿐 아니라 다시 살아나신 이는 그리스도 예수시니 그는 하나님 우편에 계신 자요 우리를 위하여 간구하시는 자시니라"(롬 8:34).

예수께서 약속을 지키심으로 제자들은 예수님과 함께 있는 것은 아니지만 지상에서 주님과 함께 느꼈던 것과 같은 감격, 아니 그보다 더 진한 감격과 능력과 주님의 임재를 실감하게 되었습니다. 그리하여 그들은 담대하게 예수 그리스도의 복음을 전파하며 말할 수 없는 기쁨과 영광 중에 즐거워하며 사는 삶을 살았습니다. 이것이 사도행전의 역사입니다.

당신은 사도행전을 읽으면서 제자들의 삶과 지금 내 삶의 모습이 너무 다르다고 느끼며 자포자기의 심정이 되지는 않습니까? 실은 제자들이 처음부터 이런 능력 있는 삶을 산 것은 아닙니다. 그들에게도 훈련이 필요했습니다. **예수께서 제자들 곁을 떠나신 뒤에 영적으로 함께하신다는 것이 어떤 것인지에 대해 그들도 잘 알지 못했습니다. 그들이 위기와 어려움에 빠질 때마다 주님이 어떻게 그들을 도와주시는가에 대해서도 훈련이 필요했습니다. 여기에 예수께서 제자들에게 오병이어의 기적 직후에 갈릴리 바다의 풍랑을 허용하신 까닭이 있습니다.** 더 거센 파도와 비바람을 견뎌 내기 위해서 갈릴리 호수에서 작은 고난을 경험할 필요가 있는 것입니다.

어느 부흥회 시간에, 어느 설교 시간에, 그날따라 강력하게 성령의 임재를 체험하며 주께서 내게 말씀하시는 것을 느낍니다. 그때 마음으로부터 이런 고백이 나옵니다.
"나는 주님이 함께하시는 것을 느낀다. 그분은 틀림없이 살아 계셔서 나에게 복 주신다. 그분은 우주를 운행하시고 역사를 주관하시는 창조주 하나님이시다."
이 하나님을 사랑하고 경배하고 싶어합니다. 우리는 하나님이 우리 삶에 들어오셔서 우리 인생을 바꾸시며 위대한 이적과 기사와 능력을 나타내심을 목격하고 체험합니다. 이것이 우리들의 벳세다 들판의 체험입니다.

그러나 인생이란 벳세다 들판의 오병이어 기적만 계속되는 것이 아닙니다. 기적이 항상 나타나면 그것은 일상 생활의 한 부분이지 기적이 아닙니다. 이 벳세다 들판의 축복과 영광의 기적은 언제나 계속되는 것이 아닙니다. 우리 삶에는 벳세다의 기적보다 바람과 파도에 대항하여 싸우는 고난의 삶이 더 자주 있을 수 있습니다.
축복과 영광을 신앙 생활의 전부로 이해하는 사람들은 이 고난의 바다에서 어쩔 줄 모르고 당황할 수밖에 없습니다. 폭풍우와 거세고 사나운 풍랑의 물결이 우리를 엄습해 올 때, 우리는 어떻게 그리스도인답게 이 현실에 직면해야 하겠습니까?

제자들이 시험에 실패한 이유

그리스도인으로서 어떻게 고난을 극복해야 하는지에 대한 교훈을 주기 위해서 주께서 제자들에게 고난의 현장을 허용하셨습니다. 이것은 일종의 시험입니다. 우리는 이 교훈을 통해서 제자들이 이 시험에서 좋은 성적을 거두지 못한 이유를 생각해야 합니다. 이 시험에서 제자들은 왜 좋은 성적을 거두지 못했을까요? 왜 그들은 예수님의 제자답지 못하게 불안해 하며 초조해 하며 낙심하며 좌절합니까? 그리스도인인 당신이 이렇게 흔들거리고, 좌절하며, 무의미한 삶의 늪에 침몰되어 비틀거리는 것은 왜입니까? 무엇이 잘못되었을까요?

제자들이 실패한 **네 가지 이유**를 찾아봅시다.

첫째로, 예수님이 눈에 보이지 않았기 때문입니다.
예수님이 보이지 않습니다. 그러나 그분을 만났던 날이 있었습니다. 하나님의 은혜가 감격스럽게 내 마음 속에 넘쳐 주님의 임재가 마음 속에서 생생했던 때가 있었습니다. 그러나 어느 한 순간 그 주님이 보이지 않습니다. 보이는 것은 바람과 파도, 나의 무력함과 좌절과 절망과 불안뿐입니다. 주님을 찾으려 하나 보이지 않습니다. 보이는 것은 답답한 현실입니다. 가슴을 짓누르는 아픔입니다. 성경은 이 상황을 다음 말씀으로 설명해 줍니다.

"예수는 아직 저희에게 오시지 아니하셨더니"(17절).

신앙인의 삶에는 이런 고독과 고통의 순간이 있을 수 있습니다. 제자들은 주님과 거리를 느끼고 있습니다. 주님이 가깝게 느껴지지 않습니다. 어느 한 순간 영적으로 침체되어 주님이 멀게

만 느껴질 때가 있습니다. 그것은 예수님이 눈에 보이지 않기 때문입니다.

둘째로, 함께하시는 주 예수님을 분별할 수 있는 영적인 안목이 없었기 때문입니다.

예수께서는 고난당하는 제자들을 보시고 바다 위로 걸어오실 때, 제자들은 유령인가 하여 더 깊은 좌절과 불안과 혼란 속으로 빠져들었습니다. 이 장면은 예수께서 십자가에 달려 돌아가신 뒤 모든 희망을 잃고 엠마오로 가던 두 제자의 체험과 비슷합니다. 예수님을 따르기 전의 옛 생활로 돌아가는 제자들의 마음은 처량했습니다. 슬프고 고통스러웠습니다. 이 고독하고 고통스러웠던 엠마오로 가는 길에 어떤 나그네 한 사람이 동행했습니다. 그분은 바로 예수님이었습니다. 그러나 제자들은 눈이 밝아질 때까지, 주께서 그 눈을 열어 줄 때까지, 주님이 함께 계셨다는 사실을 알지 못했습니다(눅 24:13-31 참조). 볼 수 있는 눈이 없었기 때문입니다. 제자들에게는 함께하시는 주님을 바라볼 수 있고 분별할 수 있는 영적인 안목이 없었습니다. 그래서 주님을 보아도 알아보지 못했습니다.

셋째로, 마음이 둔하여졌기 때문입니다.

마가복음 6장 51,52절을 보십시오.

"배에 올라 저희에게 가시니 바람이 그치는지라 제자들이 마음에 심히 놀라니 이는 저희가 그 떡 떼시던 일을 깨닫지 못하고 도리어 그 마음이 둔하여졌음이러라."

그 떡 떼시는 일을 깨닫지 못하고 도리어 그 마음이 둔하여졌다고 말합니다. 방금 전에 기적을 행하시던 그 주님을 잊어버린 것입니다. 주님의 권세와 능력을 망각한 것입니다. 저는 어려운 일을 겪고 난 뒤에 항상 이런 고백을 합니다.

"하나님이 나를 도우셨습니다. 틀림없이 주님과 함께 있었기 때문에 이 일을 할 수 있었습니다.”

주님을 찬양하고 기뻐하고 감사합니다. 오병이어의 기적 뒤에 폭풍우를 만난 제자들은 기적을 베푸시던 주님을 완전히 잊어버렸습니다. 오늘 우리도 어제 받은 은혜를 망각하여 작은 고난이 닥쳐도 좌절하고 낙망하지는 않습니까? 우리는 십자가에서 내 죄를 담당하신 그분의 거룩한 사랑을 깨닫게 하신 주님, 그 십자가 아래 엎드려 회개하게 하신 주님, 그리고 부활의 능력 앞에서 삶은 살 만한 가치가 있는 것이라고 하시며 그 삶의 길을 걷게 하신 주님을 믿고 따랐습니다. 그런데 그 주님이 더 이상 나와 함께하신다는 사실이 실감나지 않습니다.

왜 그렇습니까? 성경은 말하기를 그 마음이 둔해져서, 영적인 감각이 무디어서 그런 것이라고 말합니다. 더 이상 느끼지 못합니다. 함께하시는 주님, 함께하셔서서 내 마음을 붙들고, 내 의식을 붙들고, 내 영혼에 사랑을 붓고, 내 영혼에 거룩한 미래를 보여 주시며, 그 영광스러운 주님을 보여 주시던, 그 주님과의 교제를 망각하고 말았기 때문입니다. 마음이 둔해졌습니다. 마음이 둔해진 그리스도인을 가리켜서 “영치”(靈痴)라고 합니다. 그는 주님을 더 이상 깨닫지 못합니다.

넷째로, 의심하였기 때문입니다.

마태복음에는 물 위를 걸어오시는 예수님을 보고 베드로가 배에서 나와 물 위를 걷다 바람을 보고 무서워 물에 빠져 허우적거리고 있는 장면이 나옵니다. 이때 주께서 베드로를 향해서 이렇게 말씀하셨습니다.

“믿음이 적은 자여 왜 의심하였느냐”(마 14:31).

저는 그날 주님이 “믿음이 없는 자여”라고 말씀하지 않으시고 “믿음이 적은 자여”라고 말씀하신 것에 대하여 정말 감사합니다. 그 말씀은 믿음이 적은 사람에게 이런 의심, 이런 절망의 순간이 있을 수 있다는 사실을 인정해 주기 때문입니다.

당신 마음 속에 어느 날 갑자기 이런 절망과 불안과 낙심이 엄습해 온다고 해서 내게 신앙이 없다고 자신을 정죄하지 마십시오. 엄격하게 말해서 의심은 신뢰했던 사람만이 할 수 있는 것입니다. 제 아내가 아닌 다른 자매가 저를 의심하겠습니까? 상관이 없으니 의심할 필요도 없습니다. 나와 관계 있는 아내만이 나를 의심할 수 있는 권리가 있습니다. 의심은 신앙인의 특권입니다. 신앙이 없는 사람은 오히려 주님을 의심하지 않습니다.

어느 날 깊은 영적 회의와 좌절이 당신 마음에 생기거든, 그것은 주님과 당신 사이에 맺어진 분명한 관계가 흔들리기 때문에 일어나는 갈등임을 아십시오. 주께서는 믿음이 없다고 정죄하지 않으십니다. "너는 믿음이 없어"라고 꾸짖지 않으십니다.

벳세다 들판에서 복을 내려 주실 때는 하나님을 의지할 수 있는 믿음들이 있었으나, 고난의 바다 한가운데서 폭풍우와 성난 파도를 만날 때는 변함 없이 우리를 도와주시는 주님을 믿는 큰 믿음이 없습니다. 육체적으로 내 곁에 안 계시지만, 내 눈에 보이지 않지만, 부흥과 영광의 도가니는 아니지만, 그러나 이 싸늘하고 냉엄한 삶의 현장에서 나를 도우시는 그 하나님을 믿는 큰 믿음이 없습니다. 그것이 좌절과 고통의 주된 원인입니다.

환난당할 때 도우시는 주님

본문과 같은 내용을 담고 있는 마가복음 6장 45–52절 말씀을 가지고, 예수께서 이 제자들을 다루시는 과정에서 우리가 얻어야 할 교훈들을 정리해 보겠습니다. 예수께서 제자들을 다음 **세 가지 방법**으로 다루셨습니다.

첫째로, 예수께서는 제자들을 위해 기도하셨습니다.

제자들이 배를 타고 풍랑이 일어나는 바다를 건너가고 있는 동안 주님은 산에서 기도하고 계셨습니다(46절). 주님이 기도하고 계실 때 제자들은 바다에서 고난을 당하였습니다. 주님은 무엇을 위해 누구를 위해 기도하셨겠습니까? 주님 자신을 위해서이겠습니까? 그렇지 않다고 생각합니다. 예수께서는 제자들을 보내시고 나서 그들을 위해서 기도하셨음이 분명합니다.

십자가에 달려 돌아가셨다가 부활하고 승천하시어 하나님 우편에 앉아 계신 예수께서 지금 무슨 일을 하고 계실 것 같습니까? 우리를 이 세상에 보내시고, 이 세상이라는 바다에서 우리가 허우적거리고 있을 때, 그분은 우리를 위해서 무엇을 하시겠습니까? 그분은 우리를 위해 기도하고 계십니다.

당신이 세상이라는 바다에서 괴롭게 노를 저으며 고통당하고 있을 때, 당신을 위해 기도하고 있는 분이 있다는 사실을 아십시오. 내가 이 노를 잡고 허우적거리며 괴로워하고 아파하고 신음하며 어려움을 당하고 있을 때, 누군가가 당신을 위해 기도하고 있다는 사실을 아십시오.

그런데 그분은 무력한 기도를 하시는 분이 아닙니다. 하나님 말씀으로 만물을 붙들어 승리하시는 그분이 우리를 위해 기도하고 계십니다. 이것은 얼마나 큰 축복이고 얼마나 큰 위로이고 얼마나 큰 능력이 됩니까? 예수께서 친히 당신을 위해 기도하십니다.

둘째로, 예수께서는 정확한 때에 제자들에게 오셨습니다.

"바람이 거스리므로 제자들의 괴로이 노 젓는 것을 보시고 밤 사 경 즈음에 바다 위로 걸어서 저희에게 오사 지나가려고 하시매"(48절).

제자들은 주님이 어디에 계신지 몰라 당황하며 애태우고 있었습니다. 이때 예수께서 제자들이 괴롭게 노 젓는 모습을 보셨습니다. 우리가 이 생존 경쟁 속에서 얼마나 허우적거리고 괴로워하고 안타까워하며 몸부림 치고 있는지 보고 계십니다. 주께서 우리의 고독과 절망과 좌절과 눈물을 보시고, 우리의 아픔과 허물을 치유하려고 친히 찾아오십니다.

우리는 "아무도 나를 봐 주는 사람이 없다"고 생각합니다. 아닙니다. 주께서 당신을 바라보고 계십니다. "아무도 나를 돌보지 않습니다"라고 말하지 마십시오. 주님이 당신을 돌보십니다. 왜 주님은 우리를 괴롭게 노 젓도록 폭풍우 치는 바다에 내버려 두셨느냐고 묻지 마십시오. 저는 이 질문에 대답할 수 없습니다. 그러나 한 가지 장담할 수 있는 것이 있습니다. 48절 하반절 말씀을 보십시오.
"밤 사 경 즈음에 바다 위로 걸어서 저희에게 오사."
하나님께서 계획한 시간에 맞춰 주께서 오십니다. 우리는 종종 "주님, 왜 조금 더 일찍 오지 않으셨습니까?"라고 말합니다. 그러나 그분이 오시는 때가 정확한 때입니다. 우리는 급하게 부르짖습니다.
"주님 빨리 오셔서 도와주십시오!"

주님은 늑장을 부리시는 것이 아닙니다. 우리가 받아야 할 교훈이 있기 때문에 조금만 더 참으라고 말씀하십니다. 그리고 그분은 정확한 때에 우리에게 다가오십니다. 그분은 꼭 필요한 때에 영광 가운데 우리가 서 있는 삶의 자리에 찾아오십니다. 그리고 말씀하십니다.
"안심하라 내니 두려워 말라"(50절).
그렇습니다. 제자들은 예수께서 산으로 가신 동안에, 그들이 외롭게 노를 젓는 동안에, 육체적으로 주님이 곁에 계시지 않는다는 사실 때문에 괴로움을 당하고 있었습니다. 그러나 이제 주께서 친히 찾아오셨습니다.

셋째로, 예수께서는 제자들과 함께 계셨습니다.

수많은 유대인들이 학상당했던 독일의 아우슈비치 수용소에서 유대인들이 눈물을 뿌리면서 외친 피맺힌 절규는 "하나님, 지금 어디에 계십니까?"였습니다. 하나님이 왜 이런 사건을 허용하셨는지 모르겠습니다.

그런데 연합군이 이 수용소를 탈환하고 수용소를 점검하다가 한쪽 벽에 씌어진 놀라운 글을 보며 깜짝 놀라 그 벽 앞에 머물러 섰습니다. 아마도 어느 그리스도인이 그의 신앙 고백을 기록해 놓았던 글인 것 같습니다(찬송가 404장 참조).

그 크신 하나님의 사랑 말로 다 형용 못하네…
하늘을 두루마리 삼고 바다를 먹물 삼아도
한없는 하나님의 사랑 다 기록할 수 없겠네….

죽음만이 기다리고 있는 지옥 같은 수용소에서 하나님의 사랑이라니 웬 말입니까? 이 놀라운 기록 앞에서 아연실색해서 바라보던 연합군 병사의 눈에 깨알 같은 글씨로 쓴 또다른 문장 하나가 눈에 띄었습니다.

"하나님은 여기에 계십니다"(God is here).

하나님이 왜 이런 고난과 고통의 현장을 허용하십니까? 잘 모르겠습니다. 그러나 확실한 것은 주를 사랑하는 자들에게는 주께서 친히 찾아오신다는 사실입니다. 그분은 그들에게 이렇게 말씀하셨을 것입니다.

"내니 두려워 말라 안심하라."

수용소의 고통과 절망의 극한 상황 속에서도 붓을 들어 놀라운 하나님의 사랑을 간증할 수 있었던 것은 바로 하나님이 함께 계시다는 믿음 때문이었습니다. 그리스도인의 간증과 환희와 기쁨은 고통이 없어야 생기는 것은 아닙니다. 그리스도인이 되었다는 것으로 고난과 고통이 전혀 없는 삶을 살게 되리라는 환상적인 기대를 하지 마십시오. 주님은 신자도 불신자와 똑같은 골짜기와 바다와 계곡을 통과하도록 만드셨습니다. 그러나 불신자와는 다른 약속을 제자들에게 주셨습니다.
"네가 사망의 음침한 골짜기로 다닐지라도 내(주님)가 너와 함께하겠다"(시 23:4 참조).

당신이 괴롭게 노 젓는 모습을 보시는 분이 계십니다. 이 캄캄한 밤, 이 사나운 물결이 파도를 높이고 있을 때, 이 삶의 여파 속에서 괴로워하고 아파하는 당신을 눈여겨 보는 분이 계십니다. 사람마다 저마다 다른 고통을 받으며 험난한 바다에서 항해를 계속하고 있습니다. 주께서 왜 폭풍이 이는 위험한 바다로 우리를 이끄시는지 저는 잘 모릅니다.

하지만 제가 확실하게 약속드릴 수 있는 것은 주께서 당신과 함께하신다는 사실입니다. 당신이 볼 수 있는 안목만 있다면, 주님을 참으로 사랑하는 그리스도인이라면, 그 주님이 보일 것입니다. 그리고 주님의 목소리가 들릴 것입니다.
"안심해, 나야, 두려워하지 말라."
당신의 삶이 안이하고 평안하고 순탄하다고 해서 이 고통의 문제를 외면하지 마십시오. 갈릴리 바다는 일기 예보가 적중하지 않는 바다입니다. 언제, 어떻게, 풍랑과 파도가 일어날지 모릅니다. 우리의 삶이 그렇습니다. 풍랑과 파도가 갑자기 당신을 엄습해 올 때 당신은 이 폭풍우 속에서 "하나님, 제가 하나님을 신뢰합니다"라고 말할 수 있습니까?
고통, 괴로움, 절망, 고독, 좌절 가운데서도 우리와 함께하시는 주님을 믿으십시오.

바다에서 아무도 보이지 않습니까? 높은 파도만 보이고 거센 바람만 보입니까? 눈을 높이 들어 저 산을 바라보십시오. 내 도움이 어디서 올까? 눈을 들어 저 산을 바라보면 거기에 우리를 위해 기도하시는 주님이 계십니다(시 121:1 참조).

우리들의 하나님, 우리들의 구세주, 그분을 붙드십시오. 그리고 당신의 좌절과 절망과 불안을 말하십시오. 이 목적 없는 삶에 대한 외로움을 고하십시오. 그분의 위로를 느끼십시오. 그분의 임재를 경험하고 그분의 사랑 속에 빠지십시오.

6
우리도 소경인가?

요한복음 9장 1-7절

"예수께서 길 가실 때에 날 때부터 소경 된 사람을 보신지라 제자들이 물어 가로되 랍비여 이 사람이 소경으로 난 것이 뉘 죄로 인함이오니이까 자기오니이까 그 부모오니이까 예수께서 대답하시되 이 사람이나 그 부모가 죄를 범한 것이 아니라 그에게서 하나님의 하시는 일을 나타내고자 하심이니라 때가 아직 낮이매 나를 보내신 이의 일을 우리가 하여야 하리라 밤이 오리니 그때는 아무도 일할 수 없느니라 내가 세상에 있는 동안에는 세상의 빛이로라 이 말씀을 하시고 땅에 침을 뱉아 진흙을 이겨 그의 눈에 바르시고 이르시되 실로암 못에 가서 씻으라 하시니 (실로암은 번역하면 보냄을 받았다는 뜻이라) 이에 가서 씻고 밝은 눈으로 왔더라."

요한복음 9장 35-41절

"예수께서 저희가 그 사람을 쫓아냈다 하는 말을 들으셨더니 그를 만나사 가라사대 네가 인자를 믿느냐 대답하여 가로되 주여 그가 누구시오니이까 내가 믿고자 하나이다 예수께서 가라사대 네가 그를 보았거니와 지금 너와 말하는 자가 그이니라 가로되 주여 내가 믿나이다 하고 절하는지라 예수께서 가라사대 내가 심판하러 이 세상에 왔으니 보지 못하는 자들은 보게 하고 보는 자들은 소경 되게 하려 함이라 하시니 바리새인 중에 예수와 함께 있던 자들이 이 말씀을 듣고 가로되 우리도 소경인가 예수께서 가라사대 너희가 소경 되었더면 죄가 없으려니와 본다고 하니 너희 죄가 그저 있느니라."

유체의 결함 가운데 가장 안타까운 결함이 무엇이겠습니까? 헬렌 켈러 여사는 "듣지 못하는 것도 고통이고 말하지 못하는 것도 고통이지만 보지 못하는 것이 가장 큰 고통이다"라고 고백했습니다. 참으로 앞을 보지 못하는 것은 견디기 힘든 어려움임을 짐작할 수 있습니다.

소경 가운데 특히 나면서부터 소경 된 사람이 제일 불쌍합니다. 그들에게는 상상의 근원조차 없기 때문입니다. 아무 것도 본 일이 없으므로 상상할 능력이 없습니다.

본문은 날 때부터 소경 된 자가 예수님을 통해 치유되는 기적을 보도하고 있습니다. 1절 말씀을 보십시오.
"예수께서 길 가실 때에 날 때부터 소경 된 사람을 보신지라."
예수께서 소경에게 관심을 가지셨습니다. 제자들은 날 때부터 소경 된 자를 보고 이런 질문을 했습니다.
"랍비여 이 사람이 소경으로 난 것이 뉘 죄로 인함이오니이까 자기오니이까 그 부모오니이까"(2절).
제자들은 그 소경을 불쌍히 여기거나 그를 어떻게 도울 수 있을지를 고민하기보다 그가 소경 된 이유에 더 큰 관심을 가졌습니다. 상대방의 불행을 이야기하는 정도의 관심이었습니다.
그러나 예수께서는 이 사람의 치유에 관심을 쏟으셨습니다. 이 소경에게 어떻게 새 삶을 살게 할 것인가가 주님의 관심사였습니다.

예수께서는 이 사람이 불행해진 원인을 규명하시지 않았습니다. 그러나 제자들은 이 사람의 불행을 죄와 연관시켜 생각하였습니다. 본인의 죄가 아니면 조상의 죄 때문에 소경이 되었으리라고 상상했습니다. 예수께서는 제자들의 이런 생각이 부질없는 것임을 지적하시고 이 사람이 소경이 된 것은 "그에게서 하나님의 하시는 일을 나타내고자 함"(3절)이라는 사실을 주지시키셨습니다.

이 말씀을 "하나님께서 하시고자 하는 일을 나타내기 위해 일부러 이 사람을 소경 되게 하신 것"이라고 해석하면 안 됩니다. 예수께서 말씀하시는 바는, 어떤 불행한 상황도 주님의 도우심을 받으면 하나님의 영광을 나타내는 새로운 삶으로 변화된다는 것입니다. 이 사실을 소경이 눈을 뜨는 기적으로 증명하셨습니다.

소경의 눈을 여심

이 소경은 눈을 뜨는 위대한 기적을 체험했다고 해서 즉시 그리스도인이 되지는 않았습니다. 주님의 영광을 목격하고 기적이 일어났다고 해서 그 사람이 반드시 신자가 되는 것은 아님을 이 소경의 경우를 통해 알 수 있습니다. 17절 말씀을 보십시오.
"이에 소경 되었던 자에게 다시 묻되 그 사람이 네 눈을 뜨게 하였으니 너는 그를 어떠한 사람이라 하느냐 대답하되 선지자니이다 한대."
소경은 "그가 구세주입니다"라는 고백을 하지 못했습니다. 그는 아직 구원받은 그리스도인이 되지 않았습니다. 예수 그리스도가 어떤 분인지 알고 올바른 관계를 맺어야만 그리스도인이라고 말할 수 있습니다.

예수께서 대화를 통해 이 사람에게 진리를 가르치셨습니다. 35절 말씀을 보십시오.
"예수께서 저희가 그 사람을 쫓아냈다 하는 말을 들으셨더니 그를 만나사 가라사대 네가 인자(人子)를 믿느냐."
"인자"는 문자 그대로 "사람의 아들"이라는 뜻인데 메시야에게만 사용하는 독특한 명칭입니다. 예수님은 본래 하나님이십니다. 그런데 하나님이 사람의 몸을 입고 사람의 아들로 태어나셨습니다. 본래 하나님이신 그분이 사람의 몸을 입고 이 땅에 오신 이유가 무엇인가를 밝힐 때 쓰는 표현이 바로 인자입니다.

예수께서 "네가 인자를 믿느냐"고 물으신 것은 하나님이 인간의 몸으로 이 땅에 오셔서 구세주가 되신 것을 믿느냐는 질문입니다. 이때 소경이 "주여 그가 누구시오니이까"(36절)라고 되묻습니다. 소경은 고침을 받고도 예수님이 누구신지를 모르고 있었습니다. 드디어 예수께서 놀라운 사실을 계시하셨습니다. 자신이 메시야라는 사실을 밝히셨습니다.
"예수께서 가라사대 네가 그를 보았거니와 지금 나와 말하는 자가 그이니라"(37절).

기적만 가지고는 정말 그리스도가 누구인가를 깨닫고 그분과 바른 관계를 맺기가 어렵습니다. 그래서 예수께서 기적을 일으킨 뒤 가르치시는 것입니다. 기적은 진리를 전달하기 위한 수단입니다. 기적 자체가 목적이 아닙니다. 기적과 함께 전달되는 메시지가 기적의 핵심입니다.
예수께서는 소경을 눈 뜨게 하는 과정에서 이미 메시지를 전달하고 계셨습니다.

첫째 / 진흙을 이겨 눈에 바름
하나님께서 인간을 창조하실 때 진흙을 빚어 만드셨습니다(창 2:7). 예수께서 진흙을 소경의 눈에 바르신 것은 바로 자신이 창조주 하나님이심을 계시한 것입니다. 인간을 만드신 분이 소경을 고치고 새롭게 하실 수 있음을 예시하는 사건입니다. 우리의 고난이나 문제는 우리를 지으신 분이 해결해 주실 수 있습니다.

둘째／실로암 못에 눈을 씻음

예수께서 소경의 눈에 진흙을 바르신 다음 실로암 못에 가서 씻으라고 명령하십니다. 『실로암』은 "보냄을 받았다"는 뜻입니다. 실로암 못은 기혼 샘과 연결되어 있습니다. 기혼은 예루살렘 바깥에 있던 샘입니다. 기혼 샘의 물이 바위를 깎아 만든 수로를 통해 예루살렘 성 안에 있던 실로암 못까지 흘러들어왔습니다. 그러니까 기혼 샘에서 실로암 못까지 샘물이 "보냄을 받았다"고 말할 수 있습니다. 그래서 실로암이라는 이름이 "보냄을 받았다"는 뜻으로 유래되었을 것입니다.

그러나 실로암 못으로 소경을 보내면서 그 뜻이 "보냄을 받았다"는 것을 강조하는 또다른 중요한 이유가 있습니다. 요한복음 8장 12, 18절 말씀을 보십시오.

"예수께서 또 일러 가라사대 나는 세상의 빛이니 나를 따르는 자는 어두움에 다니지 아니하고 생명의 빛을 얻으리라…내가 나를 위하여 증거하는 자가 되고 나를 보내신 아버지도 나를 위하여 증거하시느니라."

예수께서 자신이 아버지께로서 보냄을 받았다고 했습니다. 하늘에 계신 아버지로부터 세상의 빛이 되기 위해서 보내심을 받았다는 것입니다. 예수님은 본래 우주를 만드신 창조주이실 뿐만 아니라 흑암 속에 있는 사람들의 빛이 되기 위하여 창조주로부터 보내심을 받은 분입니다. 한 마디로 말해 그분은 창조주이시고 동시에 구세주가 되기 위해 "보냄을 받은" 분입니다. 실로암 못은 바로 보냄을 받은 예수 그리스도의 구원하시는 능력을 상징하는 장소입니다.

우리의 눈을 여심

본문에는 두 종류의 소경이 등장합니다. 하나는 날 때부터 소경이 되어서 예수께 고침을 받은 사람입니다. 또 하나는 예수께서 창조주이시고 세상의 빛이라고 말씀하실 때 그 의미를 깨닫지 못하고 어둠 속에 살던 영적인 소경입니다. 요한복음 9장 39—41절 말씀을 보십시오.

"예수께서 가라사대 내가 심판하러 이 세상에 왔으니 보지 못하는 자들은 보게 하고 보는 자들은 소경 되게 하려 함이라 하시니 바리새인 중에 예수와 함께 있던 자들이 이 말씀을 듣고 가로되 우리도 소경인가 예수께서 가라사대 너희가 소경 되었더면 죄가 없으려니와 본다고 하니 너희 죄가 그저 있느니라."

자기가 소경인 줄도 깨닫지 못하는 소경이 있습니다. 바리새인들이 그들이었습니다.

그런데 당신도 소경일 수 있습니다. 당신은 살아 계신 하나님이 보이십니까? 십자가에 달리신 예수 그리스도가 보이십니까? 당신이 죄인이며 어둠 속에서 헤매고 있는 방황이 보이십니까? 당신이 소경임을 깨닫습니까?

본문에 등장하는 날 때부터 소경이었던 자는 거지였습니다. 노동력의 가치가 떨어지는 소경이므로 거지로 살 수밖에 없었습니다. 당신이 영적으로 소경이라면 당신의 삶 역시 가난하고 비굴할 것입니다. 하나님의 사랑과 은혜 가운데 그분의 자녀로 누릴 수 있는 풍성한 삶이 있는데 구세주를 알지 못하므로 그 모든 것들을 잃어버린 채 살아가는 것입니다.

당신이 소경이라는 사실을 깨달았다면 빛 되신 주님을 향해 돌아서십시오. 소경이 단순히 눈을 떴다는 사실이 기적이 아닙니다. 본문에서 말하고자 하는 진정한 기적은 그가 예수님을 보게 된 사건입니다. 그는 예수님을 선지자쯤으로 생각해 왔습니다. 당신은 예수님을 인류의 교사요, 위대한 스승 정도로만 생각하십니까? **성경은 예수 그리스도가 창조자라고 증언합니다. 또한 그**

분은 당신을 만드신 분입니다. 그리고 이 어두운 세상에 보냄받으사 빛이 되어 주시고 우리의 눈을 뜨게 해 주기를 원하시는 구세주이십니다. 당신이 창조자이시며 빛이신 그리스도를 만나는 것이 기적입니다.

헬렌 켈러는 "당신은 때때로 자신이 불행하다고 느끼지 않습니까?"라는 질문을 받으면 이렇게 대답했다고 합니다.
"두 눈을 뜨고 있지만 아무 것도 보지 못하는 사람이 많은데 주께서는 제 영혼의 눈을 뜨게 해 주셨습니다."
수많은 찬송시를 지은 화니 크로스비* 여사는 95세의 나이로 세상을 떠났습니다. 그런데 그는 평생을 장님으로 살면서 찬송시를 무려 8천 여 편이나 썼습니다. 우리가 부르는 찬송가에도 24편이 수록되어 있습니다.

> 주 안에 기쁨 누리므로 마음의 풍랑이 잔잔하니
> 세상과 나는 간 곳 없고 구속한 주만 보이도다
> 이것이 나의 간증이요 이것이 나의 찬송일세
> 나 사는 동안 끊임없이 구주를 찬송하리로다(204장).

화니 크로스비의 행복은 주님을 알게 된 것입니다. 비록 앞을 볼 수 없는 불행한 처지에 있었지만 그는 주님을 바라보고 그분을 따라가는 감격으로 하루하루를 기쁘게 살았습니다. 당신에게도 영혼의 눈을 뜨는 기적이 일어나 주님을 바라보고 그분을 찬양하는 삶을 살게 되기 바랍니다.

---

* 나침반社에서 이미 『화니 크로스비』의 전기를 출판했습니다―편집자 주.

7

기적이 일어나지 않을 때

요한복음 11장 1－11절

"어떤 병든 자가 있으니 이는 마리아와 그 형제 마르다의 촌 베다니에 사는 나사로라 이 마리아는 향유를 주께 붓고 머리털로 주의 발을 씻기던 자요 병든 나사로는 그의 오라비러라 이에 그 누이들이 예수께 사람을 보내어 가로되 주여 보시옵소서 사랑하시는 자가 병들었나이다 하니 예수께서 들으시고 가라사대 이 병은 죽을 병이 아니라 하나님의 영광을 위함이요 하나님의 아들로 이를 인하여 영광을 얻게 하려 함이라 하시더라 예수께서 본래 마르다와 그 동생과 나사로를 사랑하시더니 나사로가 병들었다 함을 들으시고 그 계시던 곳에 이틀을 더 유하시고 그 후에 제자들에게 이르시되 유대로 다시 가자 하시니 제자들이 말하되 랍비여 방금도 유대인들이 돌로 치려 하였는데 또 그리로 가시려 하나이까 예수께서 대답하시되 낮이 열두 시가 아니냐 사람이 낮에 다니면 이 세상의 빛을 보므로 실족하지 아니하고 밤에 다니면 빛이 그 사람 안에 없는고로 실족하느니라 이 말씀을 하신 후에 또 가라사대 우리 친구 나사로가 잠들었도다 그러나 내가 깨우러 가노라."

저는 기적을 믿습니다. 그러나 기적이 일어나지 않을 때 우리는 어떻게 해야 하겠습니까? 예수께서는 지금도 기적을 행하십니다. 그러나 주께서 기적을 보류할 때 우리는 어떻게 해야 하겠습니까? 사실 기적이 항상 일어난다면 그것은 기적이 아닐 것입니다. 기적은 좀처럼 일어나는 일이 아닌데, 우리가 살아가면서 다른 어떤 때보다도 더 기적이 요구되는 때가 있을 수 있습니다. 그때 만약 하나님께서 침묵을 지키신다면 우리는 기적이 없는 상황에서 어떻게 해야 하겠습니까?

기적을 고대하는 상황

본문은 기적을 기대할 수밖에 없는 절박한 상황에 놓인 한 가정의 이야기입니다. 나사로가 병들어 죽기까지 그 형제 마리아와 마르다는 극심한 고통과 슬픔을 경험했습니다. 집안의 가장 역할을 하던 오라비가 병들었을 때 그 동생들이 예수께 사람을 보내고 초조하게 이틀을 기다렸으나 예수님은 나타나지 않으시고 나사로는 죽고 맙니다. 장례를 치르고 나흘이 지난 뒤에야 예수께서 오셨습니다. 예수님을 기다리던 그 초조한 나날들과 장사를 지내고 난 뒤의 허탈함과 슬픔은 한 가정에 말로 할 수 없는 고통을 안겨 주었습니다.

이런 비극이 주님을 사랑했던 가정에서 일어났습니다. 어떤 사람들은 주님을 사랑하는 사람은 병들지 않아야 한다고 주장합니다. 그런데 본문은 다른 각도에서 질병과 불행이라는 문제에 접근하고 있습니다.

나사로의 가족은 자신들이 예수께 사랑받고 있음을 확신했습니다. 그래서 이런 요청이 가능했습니다.

"이에 그 누이들이 예수께 사람을 보내어 가로되 주여 보시옵소서 사랑하시는 자가 병들었나이다"(3절).

마리아와 마르다, 나사로 편에서만 주님을 사랑한 것이 아니라 주님도 이들을 사랑했다는 흔적을 말씀에서 찾아볼 수 있습니다.

"예수께서 본래 마르다와 그 동생과 나사로를 사랑하시더니"(5절).

분명히 예수께서는 이들을 사랑하셨습니다. 그런데 그 사랑하는 자를 병들게 하고 죽게 내버려 두셨습니다. 사람을 보내어 빨리 와 달라고 절박한 호소를 했음에도 불구하고 주님은 나타나지도 아니하셨습니다.

이런 납득할 수 없는 상황에 부딪칠 때 그리스도인들은 "이런 삶의 난관을 어떻게 극복해야 하는가?"라는 질문을 하게 됩니다. "하나님은 어디 계실까, 그분이 우리의 고통을 모르실까?" 하며 좌절과 원망을 토로하기도 합니다.

"마르다가 예수께 여짜오되 주께서 여기 계셨더면 내 오라비가 죽지 아니하였겠나이다"(21절).

"마리아가 예수 계신 곳에 와서 보이고 그 발 앞에 엎드리어 가로되 주께서 여기 계셨더면 내 오라비가 죽지 아니하였겠나이다 하더라"(32절).

하나님이 역사하셨더라면 우리 가정에 이런 비극이 없었을 것이라며 주님을 원망하는 경우가 우리에게도 있습니다.

우리는 예수께서 기적을 행하시어 나사로를 다시 살리셨음을 알고 있습니다. 허나 그 이전에 겪은 고통스런 상황도 주의깊게 살펴보아야 합니다. 주님의 응답이 없어 마음에 깊은 회의와 의심이 일어나던 순간을 주목해 보겠습니다. 그럼으로써 우리가 겪는 인생의 고통스러운 시기를 어떻게 극복해 나가야 할지에 대해 교훈을 얻으려 합니다.

나사로의 죽음이 주는 교훈

6절 말씀을 보십시오.
"나사로가 병들었다 함을 들으시고 그 계시던 곳에 이틀을 더 유하시고."
예수께서는 나사로의 병환을 전해 듣고 오히려 더 늑장을 부리셨습니다. 그리고 7절에 보면, "그 후에 제자들에게 이르시되 유대로 다시 가자" 하시며 베다니가 아닌 유대로 가십니다. 예수께서 다른 어떤 시각보다도 치유의 기적이 가장 필요한 순간에 침묵을 지키신 이유는 어디 있습니까? 당신은 주님의 자비와 도우심을 애타게 호소했음에도 불구하고 응답이 없을 때 어떻게 하겠습니까? 우리는 본문에서 네 가지 교훈을 얻을 수 있습니다.

첫째로, 부활의 아침을 바라보고 살아야 합니다.

기적이 일어나지 않을 때 우리는 부활의 아침을 바라보고 살아야 합니다. 인간은 누구나 결국에는 죽습니다. 우리가 살면서 얼마만큼 하나님의 사랑과 은혜를 체험했든지 간에, 신자건 불신자건 상관없이 인간은 누구나 죽습니다. 이때 그리스도인에게는 부활이라는 위대한 해결책이 준비되어 있습니다. 예수께서는 참으로 이해하기 어려운 영광스러운 부활 사건을 예증하기 위해서 나사로의 죽음을 사용하셨습니다.

나사로가 세상을 떠날 때 주님은 곁에 계시지 않았습니다. 주님은 다른 장소에 계셨습니다. 11절에 보면 주께서 갑자기 걸음을 멈추고 이렇게 말씀하십니다.
"이 말씀을 하신 후에 또 가라사대 우리 친구 나사로가 잠들었도다 그러나 내가 깨우러 가노라."
예수께서는 나사로의 죽음에 대해서 그가 "잠들었다"는 아주 신기하고 홍미 있는 말씀을 하십니다. 주님은 죽음을 "안식"이라는 새로운 개념으로 설명하셨습니다. 부활을 전제하지 않는다면 죽음은 결코 안식이 아닙니다. 그것은 사라지는 것입니다. 그러나 부활이 기대되는 죽음은 분명히 안식입니다.

하루 일과를 마치고 잠자리에 들면서 절망하거나 통곡하거나 유서를 써 놓는 사람은 없습니다. 새 날이 밝을 것을 기대하며 평안히 잠을 청합니다. 내일이 있을 것을 알기 때문에 진정한 안식을 누릴 수 있습니다. 그리스도인의 죽음은 마치 잠을 자는 것과 같습니다. 죽음이 결코 마지막이 아니라는 사실을 우리에게 가르치기 위해서 주께서 죽은 나사로에게 부활의 기적을 베푸셨습니다.

성 프란시스는 죽음을 "주께서 허락하신 안식의 선물"이라고 표현했습니다. 모든 그리스도인이 이와 같은 부활 신앙을 소유할 때 참으로 죽음을 두려워하지 않을 수 있습니다.

둘째로, 하나님께서 자신의 영광을 나타내시라는 것을 믿어야 합니다.
예수께서 병들어 누워 있는 나사로를 제때에 찾아가지 않으셨기 때문에 나사로의 가족들은 애간장을 태우고 나중에는 주님을 원망하기까지 했습니다. 그런데 주님은 나사로에게 가는 대신, 심부름 온 사람에게 이런 메시지를 전달했습니다.
"이 병은 죽을 병이 아니라 하나님의 영광을 위함이요"(4절).
하나님의 영광을 위해 병에 걸릴 수도 있고 세상을 떠날 수도 있습니다. 모든 질병이 악령이나 귀신들이 일으키는 것으로 종종 생각하는 사람들이 있는데 모두 그런 것은 아닙니다. 모든 질병을 자기의 실수와 연관시켜서 자학하는 사람들도 있는데 그것은 잘못된 생각입니다.
예수께서는 "이것은 하나님의 영광을 위한 것이요"라고 말씀하셨습니다. 나사로가 병들어 죽게 된 사건은 부활의 교훈을 가르치기 위한 도구로 하나님의 영광을 위한 것이었습니다. 그래서 주께서 일부러 늑장을 부리셨습니다. 만약 나사로가 죽은 바로 다음날 나사로를 살리셨다면, 많은 사람들은 나사로가 완전히 죽지 않았기 때문에 다시 살아난 것이라고 헛소문을 퍼뜨릴 가능성이 있었습니다. 죽은 지 나흘이 지나면 그 죽음은 의심할 나위가 없습니다. 송장이 썩기 시작하기 때문입니다. 그런데 완전히 사망이 입증된 상황에 예수께서 나타나셨습니다. 그리고 말씀하십니다.
"나는 부활이요 생명이니"(25절).

한 사람의 죽음을 통해서 부활의 어머어마한 진리가 전인류에게 계시되었습니다. 하나님의 섭리가 나사로의 죽음을 통해 나타났습니다.

이와 같이 우리 주변에 있는 사랑하는 사람이 병에 걸리고 세상을 떠나는 것도 하나님의 영광을 드러내는 도구로 사용될 수 있습니다. 그들이 믿음으로 질병을 이기거나 아니면 주님 품안에 평안히 안식하는 모습을 보면서 남은 자들이 그 믿음을 본받을 수 있습니다.

여러 순교자들의 죽음도 하나님의 영광을 드러내는 방편인 경우가 많음을 볼 때 죽음은 결코 끝이 아닙니다. 십자가도 주님의 비통한 마지막이 아니었습니다. 그 죽음은 영광스러운 사역의 시작이었습니다. 하나님은 우리가 당하고 있는 이해할 수 없는 고통과 절망과 역경을 통해 자신의 영광을 반드시 나타내십니다. 인간이 하나님의 섭리를 다 깨달을 수는 없습니다. 그러므로 우리가 납득할 수 없는 고난에 처해 있다 해도 하나님의 영광이 드러날 것을 믿으며 하루하루를 충실히 살아가야 합니다.

셋째로, 예수께서 우리의 모든 형편을 알고 계심을 깨달아야 합니다.

당신이 당하는 고통을 예수께서 아신다는 사실을 기억하십시오. 기적이 나타나지 않을 때, 기도의 응답이 없을 때에도 하나님께서 우리에게 무관심하신 것이 아니라는 점을 잊지 마십시오.

예수께서는 나사로를 다시 살리실 것임에도 불구하고 그의 무덤 앞에서 눈물을 흘리셨습니다(35절). 부활은 영광스럽지만 죽음 자체를 직면하는 것이 고통스러운 경험임을 아셨기 때문입니다. 11절 말씀을 보면, 예수께서 나사로가 죽었음을 이미 아셨다는 증거가 나옵니다.

"우리 친구 나사로가 잠들었도다."

그분은 우리가 당하는 모든 고통을 알고 계십니다. 그러므로 우리가 힘들 때 좌절할 필요가 없습니다. 그분이 우리의 형편을 아시고 함께 고통당하시며 슬퍼하시기 때문입니다.

넷째로, 주님과 나 사이는 끊을 수 없는 영원한 관계라는 것을 기억해야 합니다.

9,10절 말씀을 보십시오.

"예수께서 대답하시되 낮이 아직 열두 시가 아니냐 사람이 낮에 다니면 이 세상의 빛을 보므로 실족하지 아니하고 밤에 다니면 빛이 그 사람 안에 없는고로 실족하느니라."

예수께서는 자신을 빛으로 말씀하셨습니다. 이는 참빛이신 예수께서 늘 우리와 함께 계시다는 사실을 밝혀 주는 말씀입니다.

예수께서는 많은 경우에 기적을 베푸실 때 문제가 되는 고통을 제거하십니다. 반면 고통을 없애는 것이 아니라 절망과 역경의 골짜기를 통과하게 하시면서 함께하시기도 합니다. 다니엘의 세 친구의 경험이 바로 그 본보기입니다(단 3:19-27 참조). 그분은 풀무불 속에서 그들과 함께하셨습니다.

"내가 사망의 음침한 골짜기를 다닐지라도 해(害)를 두려워하지 않을 것은 주께서 나와 함께하심이라"(시 23:4).

나사로가 죽은 지 나흘이 지났을 때 예수께서 베다니에 오셨습니다. 그리고 전인류에게 놀라운 메시지를 전하십니다.
"나는 부활이요 생명이니 나를 믿는 자는 죽어도 살겠고 무릇 살아서 나를 믿는 자는 영원히 죽지 아니하리니"(25, 26절).
그리스도를 믿는 자는 육체가 부활할 뿐더러 영원히 죽지 않는 존재가 됩니다. 예수 그리스도를 구주로 영접한 사람은 하나님과 영원한 관계를 맺은 것입니다. 이 관계는 무엇으로도 끊을 수 없습니다.
"누가 우리를 그리스도의 사랑에서 끊으리요…내가 확신하노니 사망이나 생명이나 천사들이나 권세자들이나 현재 일이나 장래 일이나 능력이나 높음이나 깊음이나 다른 아무 피조물이라도 우리를 우리 주 그리스도 예수 안에 있는 하나님의 사랑에서 끊을 수 없으리라"(롬 8:35, 38, 39).
그러므로 어떤 처지, 어떤 고난에 빠지더라도 그리스도가 함께하심을 믿고 낙심치 마십시오. 당신의 고통을 통해 하나님의 영광이 드러나기를 소원하십시오. 사랑하는 사람이 세상을 떠나는 슬픔을 당하더라도 말입니다. 나사로의 죽음에 침묵하신 주님의 놀라운 계획을 마음에 새기십시오.

제 2 부

마태복음에 기록된 기적

8
손 마른 자의 치유

마태복음 12장 9 – 13절

"거기를 떠나 저희 회당에 들어가시니 한편 손 마른 사람이 있는지라 사람들이 예수를 송사하려 하여 물어 가로되 안식일에 병 고치는 것이 옳으니이까 예수께서 가라사대 너희 중에 어느 사람이 양한 마리가 있어 안식일에 구덩이에 빠졌으면 붙잡아 내지 않겠느냐 사람이 양보다 얼마나 더 귀하냐 그러므로 안식일에 선을 행하는 것이 옳으니라 하시고 이에 그 사람에게 이르시되 손을 내밀라 하시니 저가 내밀매 다른 손과 같이 회복되어 성하더라."

**본**문에 세 부류의 사람들이 등장합니다. 첫째는 예수님, 둘째는 손 마른 사람, 셋째는 바리새인들입니다. 어느 사건에서나 마찬가지로 예수님은 구세주로 등장합니다. 환자는 구원을 필요로 하는 사람, 주님의 도움을 필요로 하는 사람입니다. 바리새인들은 구원의 기적을 방해하는 훼방꾼입니다. 이 세 부류의 사람들은 오늘 우리 주변에서도 볼 수 있습니다.

예수님의 모습

본문의 기적에 나타난 예수님은 어떤 분이신지 살펴보겠습니다. 예수께서 회당에 들어가셨는데 회당에는 한 쪽 손이 마른 사람이 있었습니다. 회당에는 예수님의 주목을 받을 수 있는 사람이 많이 있었을 것입니다. 사회의 유지들과 권력자들도 있었을 텐데 성경은 예수께서 특별히 손 마른 사람에게 관심을 보이시는 모습을 조명하고 있습니다. 이는 예수께서 연약한 자, 병든 자, 가난한 자를 긍휼히 여기시고 사랑과 관심을 쏟으심을 보여 주는 장면입니다.

본문에는 "한편 손 마른 사람"이라고 했습니다. 어떤 손이 불구인지 알 수가 없습니다. 유독 누가만 오른손이 말랐다고 기록하였습니다(눅 6:6). 누가는 의사의 통찰력을 가졌기에 다른 복음서 기자와는 다르게 자세히 보도하였습니다. 오른손을 사용할 수 없다는 것은 대단히 곤란한 문제였을 것입니다. 사람들은 대부분 오른손을 사용합니다. 오른손은 힘의 상징입니다. 성경이 하나님의 권능 있는 사역을 묘사할 때도 "주(主)의 오른손"(출 15:6 참조)이라는 표현을 자주 사용합니다.

회당에 있던 사람은 오른손을 쓸 수 없었기에 생활 능력을 상실하고 무력하게 살고 있었습니다. 성경은 고아와 과부와 나그

네 같은 무력한 사람들을 돌아보라는 하나님의 명령을 언급합니다. 주님은 이 손 마른 사람을 돌아보셨고 고쳐 주고자 하셨습니다.

그런데 공교롭게도 이 날은 안식일이었습니다. **안식일에 병을 고친다면 바리새인들이 안식일 계명을 어긴 죄로 예수님을 난처한 지경에 빠지게 할 것입니다. 그러나 예수께서는 그러한 것에 개의치 않으셨습니다. 그분은 사랑의 실천을 위해서라면 어떤 곤경도 감수하실 작정이셨습니다.**
사랑은 쉬운 작업이 아닙니다. 우리가 구체적인 사랑의 실천을 결심할 때 우리는 항상 사랑의 수고를 치러야 합니다. 예수께서 다음 날 손 마른 자를 고치셨다면, 어려움을 당하지 않으셨을 것입니다. 그러나 주님은 그 자리에서 당장 병자를 고치실 정도로 그를 사랑하셨습니다.

하나님의 뜻에 대한 실천은 언제나 즉시 이루어져야 합니다. "성령을 소멸치 말라"(살전 5:19)는 명령은 성령께서 우리 마음에 부담을 주셔서 "이 귀중한 일을 지금하라"고 하실 때 실천해야 함을 의미합니다. 우리가 그 감동을 소멸하면 나중에는 그 명령을 수행하기가 더 어렵습니다. 주님의 말씀에 대한 순종은 언제나 '지금'이어야 합니다.
예수께서는 마음 속에 손 마른 자에 대한 부담이 있었을 때 그 일을 내일로 미루지 않고 사랑을 실천하셨습니다. 바리새인들의 비난을 듣지 않아도 될 때까지 기다리지 않으시고 해야 할 일을 하셨습니다. 그분의 사랑은 이처럼 희생을 감수하면서까지 필요한 때 즉시, 그리고 가장 적절하게 나타납니다.

손 마른 자의 모습

예수께서 손 마른 자에게 두 가지 사항을 명령하셨습니다.

첫째, "일어서라"(막 3:3 / 눅 6:8 참조).

둘째, "손을 내밀라"(13절).

이 두 가지 명령에는 차이가 있습니다. 첫번째 명령은 순종할 수 있는 일입니다. 손 마른 자는 회당 안에 있던 여러 사람들이 보는 가운데 자리에서 일어났습니다. 그런데 손을 내밀라는 명령은 손 마른 사람이 할 수 없는 일입니다. 원문에는 정확하게 "손을 펴라"고 되어 있습니다. 이 사람은 두 가지 명령에 다 순종했는데, 문제는 두번째 명령입니다. 손을 내밀라는 명령은 의심에 가득 찬 질문으로 거부될 수도 있었습니다. 그러나 그는 그렇게 하지 않았습니다. 아무 말 없이 손을 내밀었습니다.

예수께서 때때로 우리에게 할 수 없는 일을 명령하십니다. 주님 앞에서 그 일을 할 수 있는가 없는가를 논쟁해서는 안 됩니다. 우리의 손익을 계산해서는 안 됩니다. 손 마른 자의 순종이 탁월한 것은 그가 할 수 없는 일이었음에도 불구하고 순종했다는 사실에 있습니다.

사실 예수께서 우리에게 주시는 많은 명령들이 그렇습니다. "주 예수를 믿으라"(행 16:31)는 명령도 쉽게 순종할 수 있는 말씀이 아닙니다. 우리 죄인들은 예수님이 누구인지 깨달을 수 있는 능력이 없습니다. 그분께 감히 나아갈 수도 없습니다. 베드로가 "주는 그리스도시요 살아 계신 하나님의 아들이시니이다"(마 16:16)라고 고백했을 때도 예수께서 이렇게 말씀하셨습니다.

"바요나 시몬아…이를 네게 알게 한 이는…하늘에 계신 내 아버지시니라"(마 16:17).

우리가 예수 그리스도를 구주로 믿고 고백하는 것이 우리 힘으로 되는 일이 아닙니다. 오직 성령의 역사로 이루어지는 일입니다. 예수님을 믿는 일 자체가 기적입니다.

예수께서는 할 수 없는 일에 기꺼이 순종하기 원하십니다. 믿음의 행동을 요구하십니다. "손을 내밀라"는 명령에 "손을 펼 수 없습니다"가 아니라 의심 없이 손을 내민 손 마른 자에게 기적이 일어났습니다. **주님 앞에 나오는 것, 주님을 깨닫는 것, 구원받는 것은 하나님의 주권에 속한 일입니다. 하지만 하나님의 역사하심에도 인간의 책임이 따릅니다. 하나님께서 일하고자 하실 때 인간이 제때에 올바르게 순종해야 합니다.**
손 마른 자의 순종은 기적을 일으켰습니다. 손이 나았습니다. 이 기적에서 보는 바와 같이 우리도 주님의 말씀을 믿고 따르는 신앙을 가져야 하겠습니다.

바리새인들의 모습

회당에는 바리새인들이 있었습니다. 그들은 이웃을 사랑하고 돌보는 데 전혀 관심이 없었습니다. 그들이 관심을 쏟는 부분은 다음 두 가지였습니다.

첫째로, 바리새인들의 관심과 초점은 "의식"에 있었습니다.
어떻게 율법을 잘 지킬 수 있는가, 어떻게 회당 예배를 잘 운영할 것인가, 어떻게 의식을 집행할 것인가 따위가 바리새인들의 중요한 관심사였습니다.
예수께서 안식일날 병자를 고치셨다는 이유로 바리새인들은 분노하였습니다.
"바리새인들이 나가서 어떻게 하여 예수를 죽일꼬 의논하거늘"(14절).
예수께서 사랑을 베푸신 사건을 트집 잡아 죽이려는 음모가 바리새인들에게서 시작되었습니다. 그들의 관심은 사람을 사랑하는 데 있지 않았습니다.

우리도 자칫하면 이런 함정에 빠지기 쉽습니다. 바리새인들의 모습은 오늘날 교회에 경각심을 불러일으키는 심각한 교훈이고 도전입니다. "우리가 어떻게 교회를 유지할 것인가, 어떻게 교세를 확장할 것인가"에 지나치게 신경 쓰는 태도가 그런 보기들입니다. 사람을 사랑하고 불신자들을 구원에 이르게 하는 것이 교회가 할 일입니다. 구속(救贖)함을 받은 사람들이 교회를 형성하는 것입니다.

우리는 자칫 잘못하면 한 영혼에 초점을 맞추기보다 우리가 하려는 행사 계획에 몰두하기가 더 쉽습니다. 저는 목사로서 우리 교회가 확장되는 꿈을 꿉니다. 세계 선교에 크게 이바지하는 꿈을 꿉니다. 그러나 교회 발전보다 더욱 중요한 것은 한 사람이 주님 앞으로 인도되는 것입니다. 이것이 본문의 가르침입니다. 예수께서 이 땅에 오신 것은 잃어버린 자를 찾기 위해서입니다. 우리 주님의 관심은 언제나 사람에게 있었습니다. 우리 역시 우리의 가장 큰 관심을 종교 체계나 형식에 두는 것이 아니라 한 영혼의 구원에 두어야겠습니다. 그렇지 않으면 주께 나아오는 사람을 방해하는 훼방꾼밖에 되지 않을 것입니다.

둘째로, 바리새인들의 관심과 초점은 하나님과 이웃이 아니라 자신에게 있었습니다.
바리새인들이 예수님을 죽이려 했던 이유 가운데 하나는 예수님 때문에 유대교에서 자신들의 명예와 지위가 흔들린다고 생각했기 때문입니다. 결국은 종교적 이기심 때문이었습니다. 오늘날 교회 안에도 존재할 수 있는 이기심입니다.

　　본문 바로 앞 부분에서 예수께서 이렇게 말씀하셨습니다. "나는 자비를 원하고 제사를 원치 아니하노라 하신 뜻을 너희가 알았더면 무죄한 자를 죄로 정치 아니하였으리라"(마 12:7). 당신의 신앙 생활은 자비를 강조할 수도 있고 제사를 강조할 수도 있습니다. 한국 교회의 기독교는 제사의 요소가 짙습니다. 새벽부터 밤까지 예배를 여러 번 드리고 여러 가지 계명을 지킵니다. 그러나 나눔과 사랑과 섬김이 부족합니다. 제사의 측면을 더 강조해서 그렇습니다. 예수께서 "나는 자비를 원하고 제사를 원치 않는다"고 하셨을 때 제사의 무용론을 주장하신 것이 아닙니다. 예배는 귀합니다. 그러나 예배는 목적이 아니라 수단임을 알 필요가 있습니다. 우리는 주일날 예배드렸다는 것을 강조하며 그것으로 우리의 신앙 의무가 끝난 줄로 착각합니다. 예배를 드리면 삶이 달라져야 합니다. 예배 이후의 생활이 신앙의 성숙도를 반영합니다.

　　예수께서 안식일에 손 마른 자를 고치신 까닭은, 아마 7절 말씀의 교훈을 강조하기 위해 계획하신 일인 듯합니다. 우리는 이 기적에서 그리스도인의 신앙 생활은 교회의 외형이나 형식에 치우치는 것이 아니라 한 영혼에 더 관심을 쏟아야 함을 배웠습니다. 혹시라도 우리가 바리새인들과 같이 종교의 이름으로 하나님의 뜻을 가로막고 있는 것은 아닌지 살펴봅시다. 본문에 나타난 바리새인들의 모습이 우리의 모습이 되지 않도록 기도합시다. 지금 당신이 예수 그리스도의 뒤를 따르는 제자인지, 바리새인의 그릇된 신앙관을 좇고 있는 훼방꾼인지 자신을 점검하십시오.

9

큰 믿음을 위하여

마태복음 15장 21—28절

"예수께서 거기서 나가사 두로와 시돈 지방으로 들어가시니 가나안 여자 하나가 그 지경에서 나와서 소리 질러 가로되 주 다윗의 자손이여 나를 불쌍히 여기소서 내 딸이 흉악히 귀신들렸나이다 하되 예수는 한 말씀도 대답지 아니하시니 제자들이 와서 청하여 말하되 그 여자가 우리 뒤에서 소리를 지르오니 보내소서 예수께서 대답하여 가라사대 나는 이스라엘 집의 잃어버린 양 외에는 다른 데로 보내심을 받지 아니하였노라 하신대 여자가 와서 예수께 절하며 가로되 주여 저를 도우소서 대답하여 가라사대 자녀의 떡을 취하여 개들에게 던짐이 마땅치 아니하니라 여자가 가로되 주여 옳소이다마는 개들도 제 주인의 상에서 떨어지는 부스러기를 먹나이다 하니 이에 예수께서 대답하여 가라사대 여자야 네 믿음이 크도다 네 소원대로 되리라 하시니 그 시로부터 그의 딸의 나으니라."

은 사람들이 교회에 안 다니고 예수를 믿지 않는 이유로 꼽는 내용 중에 첫째가 "기독교는 현실성이 없다"는 지적이었습니다. 하나님, 예수님, 천국, 영생, 구원 따위는 실감 나지 않는 이야기라는 것입니다. 기도는 독백에 불과할 뿐 현실과 연결이 되지 않는다는 것이었습니다. 두번째 지적은 오늘날 신자들 중에는 위선자들이 너무 많다는 것이었습니다. 잘못된 삶을 살고 있는 그리스도인들이 불신자들이 주님 앞에 나오는 데 방해가 되고 있다는 이야기입니다. 세번째 이유는 "신앙을 이야기할 때 본인은 버림받은 것처럼 느껴지기 때문"이라는 것이었습니다. 신앙을 추구하고 하나님을 아는 일에 희망이 없다는 것입니다. 하나님이 나를 받아들이지 않을 것이라는 신앙의 소외감, 거절감이 마음 가운데 팽배해 있다는 말입니다.

위의 사례들은 우리가 신앙을 갖기 위해 뛰어넘어야 할 벽입니다. 본문에는 이러한 벽을 뛰어넘은 여자의 이야기가 기록되어 있습니다.

세 가지 장애 요소

첫째 / 침묵

가나안 여자는 이스라엘 편에서 보면 이방 사람이었습니다. 이 가나안 여자는 귀신들린 딸을 고치기 위해 예수님을 찾아왔습니다. 그리고 이렇게 외칩니다.

"주 다윗의 자손이여 나를 불쌍히 여기소서 내 딸이 흉악히 귀신들렸나이다"(22절).

그런데 23절에 나타난 예수님의 반응을 보십시오.

"예수는 한 말씀도 대답지 아니하시니."

가나안 여자가 안타까운 마음으로 절박한 문제를 호소할 때 예수께서 침묵으로 일관하십니다. 아무리 외쳐도 대답이 없습니다.

"하나님, 어디 계십니까? 도와주십시오."
내 소리만 메아리가 되어 되돌아올 뿐입니다. 기도의 응답이 없는 것 같습니다. 그래서 기독교 신앙이 도무지 실감 나지 않는 비현실의 종교로 인식되기도 합니다.

둘째 / 방해

가나안 여자가 애타게 주님을 부를 때 제자들이 사이에 끼어 듭니다.
"제자들이 와서 청하여 말하되 그 여자가 우리 뒤에서 소리를 지르오니 보내소서"(23절).
이를 다시 말하면 "선생님 귀찮습니다. 저 여자가 소리를 지르는데 쫓아 보내지요"입니다. 놀랍게도 도움이 필요해서 예수님 앞에 나온 여자를 방해한 사람은 다름 아닌 예수님의 제자들이었습니다. 우리 주변의 불신자들이 신앙 생활을 하려 할 때 그들을 실족시키는 요인이 바로 우리 자신일 수 있다는 사실입니다. 믿음을 격려하고 이끌어 주어야 할 목사가, 교회에서 직분을 맡은 자가 신앙의 방해꾼이 될 수 있음을 기억하고 조심하십시오.

셋째 / 거절

제자들의 요청이 있은 후에 마침내 예수께서 입을 여십니다.
"예수께서 대답하여 가라사대 나는 이스라엘 집의 잃어버린 양 외에는 다른 데로 보내심을 받지 아니하였노라 하신대…자녀의 떡을 취하여 개들에게 던짐이 마땅치 아니하니라"(24, 26절).
예수께서 이 여자가 이스라엘 백성이 아니라는 점을 들어 도움 주기를 거부하십니다. 이때 이 여자는 눈앞이 캄캄했을 것입니다. 다윗의 자손 예수께 마지막 희망을 걸고 있었는데 그 꿈이 산산조각 났습니다. 자신이 이방인임을 한탄하며 발걸음을 돌릴 판입니다.

지금까지 살펴본 세 가지 문제는 침묵과 방해와 거절입니다. 그리스도께 나아오려는 사람이 부딪치는 장벽들입니다. 하나님의 응답이 없는 것 같고, 주변 사람들은 도움은커녕 방해나 하고, 예수께는 거절당하는 수모를 겪습니다. 하나님께 버림받았다는 절망에 싸이게 됩니다.

장애 요소를 극복함

본문에서 놀라운 사실은 이 가나안 여자가 침묵과 방해와 거절을 극복했을 뿐 아니라 마침내 예수님으로부터 이런 응답을 얻어냈다는 것입니다.
"이에 예수께서 대답하여 가라사대 여자야 네 믿음이 크도다"(28절).
이런 칭찬을 받은 사람은 복음서에서 백부장과 이 여자밖에 없습니다(눅 7:9 참조). 우리는 예수님의 칭찬을 대하면서 예수님의 처음의 냉정한 태도가 어떤 뜻을 두고 일부러 그러신 것임을 알 수 있습니다.

세 가지 장애 요인은 더욱 큰 믿음을 위해서 예수님이 이 여자를 시험하신 것입니다. 결국 그는 이 시험에 합격했습니다. 어떻게 가나안 여자가 침묵과 방해와 거절의 시험을 극복했는지 세 가지로 나누어 살펴보겠습니다.

첫째로, 예수님을 구세주로 확신했습니다.

가나안 여자는 예수님을 "다윗의 자손"이라고 불렀습니다. 이는 메시야에게만 사용되는 독특한 호칭입니다. 유대인들은 다윗의 자손에서 구세주가 나리라는 것을 알았습니다. 이방인이었던 그는 이스라엘 백성들도 제대로 깨닫지 못한 사실, 즉 예수 그리스도가 구세주임을 믿었습니다. 그래서 귀신들린 딸을 고쳐 달라고 애원했습니다.

그런데 예수께서 응답하지 않으셨습니다. 주님의 침묵에 좌절하여 집으로 돌아갈 수도 있는 상황이었습니다. 그러나 그는 이 침묵 앞에 물러서지 않았습니다. 예수께서 마침내 말씀하실 것임을 확신하였습니다. 자신의 간구를 들으실 줄로 믿고 기다렸습니다.

이 여자는 자신의 진실된 믿음을 보여 주었습니다. 예수님의 침묵에도 불구하고 그분을 신뢰하였습니다. 이것이 믿음입니다. 가나안 여자는 예수께 확신이 있었기 때문에 이 시험을 이겨 낼 수 있었습니다.

우리도 말씀을 묵상하고 연구하면서 예수님을 알게 되면, 그분을 더욱 확신할 수 있게 됩니다. 흔들림 없는 믿음으로 그분을 바라볼 때, 침묵을 견디는 일은 어렵지 않습니다.

둘째로, 만나야 할 사람이 누구인지 알았습니다.
이 가나안 여자는 예수님을 만나러 왔습니다. 그런데 제자들이 중간에서 방해합니다. 하지만 여자는 제자들이 뭐라 해도 상관하지 않고 잠잠히 있습니다. 이 여자의 안중에는 제자들이 없습니다. 오직 예수 그리스도만 바라보고 있습니다.

우리가 신앙 생활을 할 때 훌륭한 그리스도인을 만나면 큰 도움을 얻습니다. 그러나 때로 가나안 여자를 방해한 예수님의 제자들과 같은 신앙의 방해꾼들을 만나기도 합니다. 혹시 당신이 제자들처럼 누군가의 신앙 성장을 막은 일은 없습니까?

제자들의 모습을 보면서 왜 예수께서 그렇게 형편 없는 사람들을 제자로 두셨는지 의문이 생길 것입니다. 그러나 생각해 보십시오. 만약 제자들이 완벽한 사람들이었다면 이 여자는 예수님이 아닌 제자들에게 도움을 구했을 것입니다. 인간은 불완전하고 다른 사람에게 실망을 주기 쉬운 성품을 가지고 있습니다. 예수님만이 우리의 유일한 하나님이시고 의뢰할 수 있는 분입니다. 제자들의 부족함이 예수님의 위대함을 깎아 내리지 않습니다. 오히려 그분이 진리가 되심을 명백히 증거합니다.

본문에 등장하는 여자는 방해꾼의 소리가 높아지고 주님과 멀어지는 듯한 상황에서도 물러서지 않습니다. 그는 만나야 할 사람이 누구인지를 확실히 알았습니다. 제자들을 만나는 것이 목표가 아니었습니다. 구세주가 도움을 청해야 할 바로 그분이었습니다.

우리가 교회에 출석하는 것도 목사나 장로를 만나기 위함이 아닙니다. 우리가 온전히 그리스도께 초점을 맞출 때 우리 신앙이 흔들리지 않으며 실망하지 않습니다. 어떤 방해에도 끄떡하지 않습니다. 결국 그러한 구도자가 예수 그리스도와 온전한 만남을 가질 수 있습니다.

셋째로, 자존심을 버리고 문제 해결에 더 큰 관심을 쏟았습니다.
마르틴 루터는 "신앙 생활 최대의 적은 바로 나 자신"이라고 말했습니다. 이사야는 하나님의 영광과 거룩함을 보는 순간 "화로다 나여 망하게 되었도다"(사 6:5)라고 외쳤습니다. 위대한 사도 바울도 "오호라 나는 곤곤한 사람이로다 이 사망의 몸에서 누가 나를 건져 내랴"(롬 7:24)고 고백했습니다.

우리가 예수를 믿는 이유는 내 힘으로는 하나님과의 관계를 회복할 수 없기 때문입니다. 그런데 예수님을 믿는다고 고백하면서도 자기 자신을 믿는 경우가 많습니다. 내가 세운 계획, 내가 쌓은 학문, 내 가치관을 고집하고 그것들을 따라 행동합니다.

이것은 마치 병원을 찾아간 환자가 의사의 진료를 거부하는 일과 같습니다. 의사 앞에 앉아 스스로 진찰하고 병명을 말하고 처방을 내리는 것입니다. 이는 하나님을 의지하지 않고 자존심을 내세우는 오만한 태도입니다.

칼 바르트는 "자존심이야말로 원죄의 뿌리다"라고 단언했습니다. 정말 주님을 사랑하는 사람들은 그분 앞에서 자존심이 깨어진 사람들입니다. 이 문제가 해결되지 않으면 결코 예수님을 믿지 못합니다. 본문에서 예수께서 가나안 여자를 냉혹하게 대하시는 이유는 자존심의 벽을 헐어야 겸손하게 주 앞에 나올 수 있음을 아셨기 때문입니다.

예수께서 "자녀의 떡을 취하여 개들에게 던짐이 마땅치 아니하니라"고 했습니다. 이것은 "너는 개다"라는 말과 같습니다. 유대인들은 '죄인'을 '개'라고 불렀습니다. 이는 하나님을 모르는 이방 사람들을 괄시하여 이르는 말이기도 합니다.

빌립보서 3장 2절을 보면 바울이 빌립보 성도들에게 "개들을 삼가라"고 경고합니다. 이것은 유대인들을 삼가라는 말씀입니다. 유대인들은 이방인을 개라고 불렀는데 바울은 반대로 유대인을 개라고 표현했습니다. 비윤리적이며 방황하는 실존을 묘사할 때, 성경은 "개"라는 상징을 사용했습니다.

예수께서 여자에게 '개'라는 표현을 사용했을 때 그의 자존심이 얼마나 크게 손상되었을지 생각해 보십시오. 그런데 뜻밖에도 여자는 "주여 옳습니다. 그러나 개들도 제 주인의 상에서 떨어지는 부스러기를 먹지 않습니까? 제게 자비를 베풀어 주십시오. 저는 죄인입니다. 저를 용서해 주시고 은혜를 내려 주소서"(27절 참조)라고 말했습니다. 자존심을 버리고 주께 매달린 이 여자의 믿음은 그의 관심이 문제 해결에 있었음을 증거합니다.

가나안 여자가 자존심 때문에 예수님을 외면했다면 그의 딸은 귀신들린 채 고통스런 생활을 해야 했을 것입니다. 우리는 자존심을 세우다 하나님께서 주시는 복을 놓칠 수 있습니다.

저도 자존심이 강한 편입니다. 그래서 손해를 많이 봅니다. 예를 들어 운전하다 길을 잃어버렸을 때 절대로 길을 잃은 표를 내지 않습니다. 잘 모르는 길을 가면서 아는 척하고 운전을 합니다. 두 시간을 헤매도 그냥 헤맵니다. 그러다 보니 손해는 항상 제 편에 있습니다.

가나안 여자는 자존심보다 문제 해결에 초점을 맞추었기 때문에 예수님을 만나 딸의 문제를 해결하였습니다. 그가 겸손하게 주 앞에 엎드렸을 때 들려 오는 주님의 음성에 귀 기울여 보십시오.

"네 믿음이 크도다 네 소원대로 되리라"(28절).

어머니의 믿음으로 귀신들렸던 딸이 당장 나음을 입는 기적이 일어났습니다.

이 여자는 침묵과 방해와 거절의 시험을 극복하고 살아 계신 주 예수 그리스도께서 주시는 놀라운 은혜와 복을 받았습니다. 당신에게도 이와 같은 믿음과 자존심을 내어 버릴 만한 용기가 있습니까? 그런 결단이 없다면 하나님의 자녀로서 누릴 많은 은총들을 잃을 것입니다.

10

우리가 무력한 이유

마태복음 17장 14—21절

"저희가 무리에게 이르매 한 사람이 예수께 와서 꿇어 엎드리어 가로되 주여 내 아들을 불쌍히 여기소서 저가 간질로 심히 고생하여 자주 불에도 넘어지며 물에도 넘어지는지라 내가 주의 제자들에게 데리고 왔으나 능히 고치지 못하더이다 예수께서 대답하여 가라사대 믿음이 없고 패역한 세대여 내가 얼마나 너희와 함께 있으며 얼마나 너희를 참으리요 그를 이리로 데려오라 하시다 이에 예수께서 꾸짖으시니 귀신이 나가고 아이가 그때부터 나으니라 이때에 제자들이 종용히 예수께 나아와 가로되 우리는 어찌하여 쫓아내지 못하였나이까 가라사대 너희 믿음이 적은 연고니라 진실로 너희에게 이르노니 너희가 만일 믿음이 한 겨자씨만큼만 있으면 이 산을 명하여 여기서 저기로 옮기라 하여도 옮길 것이요 또 너희가 못할 것이 없으리라."

당신은 스스로의 힘으로는 해결할 수 없는 난감한 상황에 빠져 본 경험이 있습니까? 많은 사람들에게 조롱거리가 되어 수치를 당했던 적이 있습니까? 본문에 나오는 제자들이 바로 그런 지경에 놓였습니다. 마태복음 17장에서는 제자들이 두 패로 나뉘어 각기 다른 체험을 합니다.

1-13절은 예수께서 베드로와 요한과 야고보를 데리고 변화산에 올라가 변화산의 영광을 보여 주시는 장면입니다. 바로 그때 산 아래에서는 비참하고 절망스러운 일이 벌어지고 있었습니다(14-21절). 베드로와 야고보와 요한을 제외한 남아 있던 제자 아홉 명이 귀신들려 발작하고 있는 어린아이 하나를 치료하려고 애를 썼습니다. 그러나 아이의 발작은 더욱 심해지고 있었습니다. 더욱이 주변에는 구경꾼들이 이 일을 눈여겨보고 있었습니다.

이 두 가지 장면은 빛과 어두움, 천국과 지옥을 대조하는 듯한 상황입니다. 산 위의 영광과 산 아래의 수치가 공존하고 있습니다.

산 아래 있던 제자들은 모두 예수께서 택한 사람들이었습니다. 그 제자들은 권능도 받았습니다.
"예수께서 그 열두 제자를 부르사 더러운 귀신을 쫓아내며 모든 병과 모든 약한 것을 고치는 권능을 주시니라"(마 10:1).
그런데 본문에서는 이들이 아무리 기도하고 손을 써도 귀신이 나가지 않았습니다. 분명히 예수께서 주시는 권능을 받고 파송되어 큰 성공을 거두기도 했던 제자들이었는데 말입니다. 이들을 보고 있던 많은 사람들이 제자들의 능력 없음에 실망을 표시함과 동시에 여기저기서 그들을 비웃고 놀리며 수군거렸습니다.

본문을 연구하면서 제자들이 실패한 원인이 어디 있는지 그 이유를 분석하도록 하겠습니다. 그리고 제자들의 실패를 타산지석(他山之石)으로 삼아 우리가 일상 생활에서 겪는 실패를 극복하도록 합시다.

제자들이 실패한 원인

제자들이 귀신을 쫓아내지 못한 이유는 다음 네 가지로 정리할 수 있습니다.

첫째로, 예수께서 그 자리에 계시지 않았습니다.
예수께서 계셨더라면 상황이 달라졌을 것입니다. 한때는 귀신도 호령하던 제자들이 지금 왜 이렇게 무력해졌습니까? 아마도 예수께서 "나를 떠나서는 너희가 아무 것도 할 수 없다"(요 15:5)는 말씀을 체험하게 하신 일인지도 모르겠습니다. 제자들은 주님 없이 귀신을 쫓아내려 하였습니다. 그리고 실패를 경험하였습니다.

당신도 주님 없이 어떤 일을 하려다 실패한 적이 있을 것입니다. 과거에 성공했던 기억을 믿고 내 힘만 가지고 일을 하려다 벽에 부딪쳤던 경험이 있을 것입니다. 예수님보다 앞서가지 마십시오. 늘 주님과 함께 모든 일을 감당해 나가십시오.

둘째로, 그 시대가 주를 믿지 않았습니다.
제자들이 귀신들린 아이를 치료할 때 모여 있던 많은 사람들에게 믿음이 없었습니다. 그것이 하나님의 능력을 막은 원인이었습니다.
"예수께서 대답하여 가라사대 믿음이 없고 패역한 세대여 내가 얼마나 너희와 함께 있으며 얼마나 너희를 참으리요"(17절).
제자들의 무력함도 귀신을 쫓지 못한 한 가지 원인이었지만, 제자들만 비난해서는 안 됩니다. 예수께서 고향인 나사렛에서 기적을 행하지 않으셨음을 기억하십시오.
"저희의 믿지 않음을 인하여 거기서 많은 능력을 행치 아니하시니라"(마 13:58).
믿음이 없는 곳에서는 하나님께서 역사하시지 않습니다. 하나님의 능력이 부족해서가 아니라 원치 않으시기 때문입니다.

믿음이 없는 구경꾼들은 제자들의 실패를 보면서 하나님을 조롱하였습니다. 나사렛 예수를 비웃었습니다. 이러한 자들 앞에서 하나님의 능력을 나타내는 것은 그분께 기쁨도 영광도 되지 못하는 일이었습니다. 믿음이 없는 곳에서는 하나님의 영광과 능력이 때로 감추어지는 것입니다.

셋째로, 제자들에게 문제가 있었습니다.
19절 말씀을 보십시오.
"이때에 제자들이 종용히 예수께 나아와 가로되 우리는 어찌하여 쫓아내지 못하였나이까."
이 말 속에 담겨 있는 제자들의 생각을 살펴보면, 자신들의 힘으로 능히 귀신을 쫓아낼 수 있다고 믿었음을 알 수 있습니다. 마치 과거에 자기들의 힘으로 온갖 권능을 행했던 것으로 착각하고 있는 것입니다. 하나님께서 능력을 주시지 않고 힘을 공급하지 않으시면, 그들은 아무 일도 하지 못함을 잊고 있었습니다.
우리도 많은 경우 제자들처럼 잘못된 생각을 합니다. 우리는 어떤 일을 성취했을 때 자신의 지혜와 힘을 과시합니다. 그러나 예수께서 우리에게 건강을 허락하지 않으신다면, 주께서 우리에게 각종 은사와 능력을 주시지 않는다면, 우리가 무엇을 할 수 있을지 생각해 보십시오. 우리 힘으로 무엇을 한다고 생각할 때 우리는 보기 좋게 실패합니다. 예수께서는 제자들의 실패를 본 보기로 하여 주님 없이는 어떤 일도 할 수 없음을 가르쳐 주셨습니다.

우리가 우리의 연약함을 인정하고 겸손하게 창조주 하나님을 의지할 때 우리 안에 새 힘이 솟아납니다. 우리는 주님의 능력을 빌려 이 땅에서 호흡하고 하루하루를 살아간다고 믿을 때 주께서 내리시는 복을 누릴 수 있습니다. 우리가 교만해지면 하나님께서 우리를 절망의 극한 상황으로 몰고 가셔서 정신 차리게 만드십니다. 그러기 전에 주 앞에서 그분의 도움을 구하십시오.

넷째로, 제자들의 믿음이 부족했습니다.

20절 말씀을 보십시오.

"가라사대 너희 믿음이 적은 연고니라 진실로 너희에게 이르노니 너희가 만일 믿음이 한 겨자씨만큼만 있으면 이 산을 명하여 여기서 저기로 옮기라 하여도 옮길 것이요 또 너희가 못할 것이 없으리라."

예수께서 제자들을 향해서 "믿음이 적은"이란 말을 하셨습니다. 믿음은 성장하는 것입니다. 믿음은 자라야 합니다. 예수께서 겨자씨만한 믿음이 있어도 산을 옮길 수 있다고 말씀하십니다. 제자들은 아직 그만한 믿음도 갖추지 못했던 모양입니다.

예수님과 제자들이 갈릴리 바다를 건널 때 마침 바람이 불어 위태롭게 된 적이 있었습니다(눅 8:22-25 참조). 그때 제자들은 놀라고 당황하여 주무시던 예수님을 깨웠습니다. 바람과 물결을 잔잔케 하신 예수께서 제자들을 이렇게 꾸짖으셨습니다.

"너희 믿음이 어디 있느냐"(25절).

예수님을 좇아 물 위를 걷던 베드로도 연약한 믿음을 갖고 있었습니다(마 14:27-31 참조). 적은 믿음일수록 환경의 지배를 받습니다. 베드로는 물 위를 걷다 바람을 보고는 무서워하여 물에 빠지게 되었습니다. 그때 예수께서 그를 건져 주고 꾸짖으셨습니다.

"믿음이 적은 자여 왜 의심하였느냐"(31절).

믿음이 부족한 제자들의 모습은 이 밖에도 많이 있습니다. 믿음이 적은 사람은 때때로 의심합니다. 믿음이 있어도 때때로 회의에 빠질 수 있습니다. 제자들에게 전혀 믿음이 없었던 것은 아닙니다. 그러나 여러 가지 곤란한 상황이 닥쳤을 때 그들의 믿음이 흔들렸습니다.

우리도 마찬가지로 믿음이 적을 때 의심과 불신앙으로 시험에 빠질 수 있습니다. 그럴 때마다 우리를 구해 주시는 "믿음의 주(主)요 또 온전케 하시는 이인 예수를"(히 12:2) 바라보아야겠습니다.

믿음의 승리

귀신들린 아이를 치유하지 못하여 쩔쩔매고 있을 때 예수께서 오셨습니다. 이것은 하나님의 큰 은혜입니다. 모든 문제의 해결은 예수께서 찾아오심으로 해결됩니다. 예수님 때문에 환경을 극복하는 소망의 길이 열립니다. 예수께서 어떻게 문제를 해결하시는지 다음 **세 가지** 전개 과정을 살펴봅시다.

첫째로, 아이의 아버지가 예수님 앞에 나옵니다.

14, 15절 말씀을 보십시오.

"저희가 무리에게 이르매 한 사람이 예수께 와서 꿇어 엎드리어 가로되 주여 내 아들을 불쌍히 여기소서."

귀신들린 아이의 아버지가 아들의 문제를 예수께 아뢰러 나왔습니다. 누가는 이 아들이 외아들이었다고 보도합니다(눅 9:39 참조). 그래서 이 아버지의 마음은 더욱 찢어졌을 것입니다. 이 아버지는 아들의 비극 때문에 예수님 앞에 나아가 꿇어 엎드렸습니다.

우리 가운데도 이런 슬픔과 극한 상황에 처하지 않았다면 예수님 앞에 나오지 않았을 사람들이 있습니다. 사업이 망하거나 불치병에 걸려 고생하다 예수께 두 손 들고 나아오는 경우가 있지 않습니까? 우리는 삶의 극한 상황까지 이용하셔서 우리를 주님 앞으로 이끄시는 하나님의 은혜를 찬양해야 합니다. 어떤 고난을 통해 예수 그리스도를 알게 되었다면, 그런 환경은 필요한 것입니다. 혹시 당신이 마음이 강퍅하여 복음을 받아들이지 못하고 있다면 역경에라도 처하여 주님 앞에 나올 수 있기를 바랍니다. 그러나 이런 환경이 찾아오기 전에 주님을 사모하고 믿는 것이 더 좋은 길임은 두말할 나위 없습니다.

둘째로, 예수께서 문제를 가지고 나오라고 하십니다.
17절에 "그를 이리로 데려오라"고 예수께서 말씀하십니다. 당신의 문제가 무엇입니까? 주님 앞에 나오십시오. 그리고 그분의 음성을 들어 보십시오. 예수께서 "그 문제를 내게로 가져오라"고 명하십니다. 주님의 발 아래 당신의 마음과 영혼의 모든 짐을 내려놓으십시오.

베드로처럼 험난한 인생을 산 사람도 없을 것입니다. 그는 인생의 역경과 수많은 상황들에 부딪친 경험이 있습니다. 그래서 그는 더 실감 나게 주님을 체험한 사람입니다. 이 베드로가 베드로전서 5장 7절에서 이렇게 말합니다.
"너희 염려를 다 주께 맡겨 버리라 이는 저가 너희를 권고하심이니라."
당신이 당면한 문제로 혼자 괴로워하지 마십시오. 수고하고 무거운 짐진 자들을 다 쉬게 해 주마 약속하신 예수께 나오십시오 (마 11:28 참조). 그분을 의지하십시오.

셋째로, 아이의 아버지에게 믿음이 생깁니다.
예수께서 "할 수 있거든이 무슨 말이냐 믿는 자에게는 능치 못할 일이 없느니라"(막 9:23)고 말씀하셨습니다. 귀신들린 아이의 아버지가 이렇게 말했기 때문입니다.

"무엇을 하실 수 있거든 우리를 불쌍히 여기사 도와주옵소서"(막 9:22).

아이의 아버지는 제자들이 실패했듯이 예수께서도 별 수 없으리라 생각한 듯합니다. 이때 예수께서 "할 수 있거든이 무슨 말이냐 믿는 자에게는 능치 못할 일이 없느니라"고 말씀하시자 아이 아버지의 마음에 믿음이 생겼습니다. 그래서 "제가 믿나이다" 하고 엎드립니다. 그는 마침내 그리스도의 전능하심을 믿었습니다. 문제를 해결할 수 있음을 믿었습니다.

이제 이 아버지는 예수 그리스도를 바라보고 있습니다. 그는 더 이상 상황을 보고 있지 않습니다. 사실 아이의 발작은 점점 더 심해지고 있었고 희망을 포기할 수밖에 없는 상황까지 치닫고 있었습니다. 예수님과 제자들에 대한 사람들의 조롱도 그의 상황을 더 악화시켰습니다. 그런데 이 아버지는 난감한 상황에 실망하지 않고 나사렛 예수의 말씀에 귀 기울였고 말씀을 믿었습니다.

우리의 **믿음을 강하게 하는 데 필요한** 요소는 무엇이겠습니까? 그것은 말씀과 기도입니다.

첫째 / 말씀

말씀 없이는 결코 믿음을 얻을 수 없습니다. "할 수 있거든이 무슨 말이냐 믿는 자에게는 능치 못할 일이 없느니라"(막 9:23)는 말씀이 귀신들린 아이의 아버지에게 믿음이 생기게 한 가장 직접적인 요인입니다. 하나님의 말씀인 성경을 공부하지 않는 사람은 교회를 아무리 오래 다녀도 그 믿음이 성장하지 않습니다. 창세기에서 요한계시록까지 66권 성경을 체계에 따라 연구하는 신앙인은 반석 위에 지은 집처럼 견고한 믿음을 가지게 됩니다.

주일 예배로 신앙 생활의 모든 것이 해결되리라고 기대하는 사람은 결코 신앙을 얻지 못합니다. 말씀의 권위를 인정하고 주님의 음성에 귀를 여십시오. 말씀이 믿음을 생기게 할 뿐더러 그 믿음을 자라게 합니다.

"믿음은 들음에서 나며 들음은 그리스도의 말씀에서 말미암았다"(롬 10:17)고 성경은 말합니다. 이 말씀만이 우리에게 참된 믿음을 공급해 줍니다. 내 "말이 영(靈)이요 생명이라"(요 6:63)고 주께서 말씀하셨습니다. 말씀 가운데서 주님을 만나고 그분을 믿고 영접할 때 우리는 진정한 그리스도인이 됩니다. 그리고 이 말씀을 통해서 우리의 믿음이 성장합니다.

둘째 / 기도

우리 개역 한글 성경에는 마태복음 17장 21절이 기록되어 있지 않지만 어떤 사본에 보면 "기도와 금식이 아니면 이런 유가 나가지 아니하느니라"고 적혀 있습니다. 귀신을 쫓아내기 위해서는 특별한 믿음이 필요합니다. 이 특별한 믿음을 위해서는 특별한 기도가 필요한데, 이 특별한 기도를 위해서는 특별한 금식이 필요합니다.

금식 기도는 중요합니다. 요즈음 금식 기도를 그 본뜻에 맞지 않게 너도 나도 하는 바람에 금식이 차지하는 신앙 가치가 떨어지고 있습니다. 그러나 참된 의미에서 금식 기도와 금식 신앙은 필요합니다. 마르틴 루터는 이렇게 말했습니다.

"금식을 거부하거나 경시하는 것은 그리스도께서 원하시는 바가 아니다. 예수께서는 금식의 참뜻을 회복하려 하셨다."

예수께서는 외식적인 금식, 사람에게 보이려고 하는 금식을 금하신 것이지 참된 의미의 금식을 거부하신 것이 아닙니다. 사도행전에서 초대 교회 성도들이 지켰던 경건한 신앙의 규례를 볼 수 있습니다.

"주를 섬겨 금식할 때에"(행 13:2).

당신은 절박한 상황에 부딪쳤을 때 모든 것을 금하고, 음식을 끊고, 다만 주님 앞에 순전한 기도를 드린 경험이 있습니까? 반드시 40일이라는 기간을 금식할 필요는 없습니다. 며칠 하느냐가 중요한 것이 아니라 스스로 작정한 기간 동안 세상과 얼마나 구별된 생활을 하며 주님과 얼마나 깊은 교제를 나누느냐가 중요합니다. 구약성경에는 금식 기도의 많은 모본들이 나와 있습니다. 금식 기도는 믿음을 강화시킵니다. 위대한 목사였던 스펄전은 교회에서 종종 금식을 선언했습니다. 교회에 어려운 문제가 생길 때마다 온 성도들이 금식하며 하나님을 바라보고 주님의 도우심을 바랐습니다. 그때 하나님께서 능력으로 역사하심을 체험했다고 합니다.

때때로 우리가 절박한 상황에 부딪칠 때 금식하며 기도하기를 예수께서 기대하십니다. 이런 기도는 강력하며 우리의 믿음을 강화시킵니다. 이렇게 성장한 믿음은 이후에 어떠한 역경이 찾아와도 그 환경을 다스리며 극복하게 합니다. 당신도 이런 믿음을 소유하기 바랍니다.

당신에게 믿음이 있으나 적고 부족하다면 주님의 말씀을 경청하고 성경 공부에 힘을 쏟고 기도와 금식으로 강한 신앙을 얻기 바랍니다. 그러면 당신이 손을 쓸 수 없는 상황에 놓일 때 예수께서 찾아오셔서 당신의 믿음을 통해 일하심을 보게 될 것입니다.

11

오해케 하지 않기 위하여

마태복음 17장 24 — 27절

"가버나움에 이르니 반 세겔 받는 자들이 베드로에게 나아와 가로되 너의 선생이 반 세겔을 내지 아니하느냐 가로되 내신다 하고 집에 들어가니 예수께서 먼저 가라사대 시몬아 네 생각은 어떠하뇨 세상 임금들이 뉘게 관세와 정세를 받느냐 자기 아들에게냐 타인에게냐 베드로가 가로되 타인에게니이다 예수께서 가라사대 그러하면 아들들은 세를 면하리라 그러나 우리가 저희로 오해케 하지 않기 위하여 네가 바다에 가서 낚시를 던져 먼저 오르는 고기를 가져 입을 열면 돈 한 세겔을 얻을 것이니 가져다가 나와 너를 위하여 주라 하시니라."

 양 속담에 "세금과 죽음 외에는 아무 것도 확실한 것이 없다"는 말이 있습니다. 우리가 죽는 것과 세금을 내는 일은 살아 있는 한 반드시 하게 되는 일입니다.

"여우도 굴이 있고 공중의 새도 거처가 있으되 오직 인자(人子)는 머리 둘 곳이 없다"(마 8:20)고 말씀하신 우리 주님께 무슨 세금 낼 돈이 있겠습니까? 그것이 주님의 문제였습니다. 그러나 예수께서는 하나님의 아들이면서 동시에 이 땅에 살던 한 인간으로서, 한 시민이 지켜야 할 납세의 의무를 이행하신 본보기를 보여 주셨습니다. 주님은 가진 게 없었으나 아주 멋진 방법으로 세금을 내셨습니다. 기적으로 문제를 해결하셨습니다.

27절 말씀에 그 해답이 있습니다.
"그러나 우리가 저희로 오해케 하지 않기 위하여 네가 바다에 가서 낚시를 던져 먼저 오르는 고기를 가져 입을 열면 돈 한 세겔을 얻을 것이니 가져다가 나와 너를 위하여 주라 하시니라."
예수님 당시 한 사람의 세금 액수는 1년에 반 세겔이었습니다. 주님은 베드로와 자신의 세금을 해결하기 위해서 베드로에게 갈릴리 바다에 가서 낚시를 하게 했습니다.

예수께서 본문의 기적을 행하신 중요한 의도는 다음 **두 가지**를 계시하기 위함입니다.

예수님은 어떤 분인가

우리는 본문 말씀으로 예수님의 전지성(全知性), 주권성, 그리고 섭리성을 확인할 수 있습니다.

첫째 / 전지성
예수께서 자신이 모든 것을 아신다는 사실을 계시하십니다. 25절 말씀을 보십시오.

"가로되 내신다 하고 집에 들어가니 예수께서 먼저 가라사대 시몬아 네 생각은 어떠하뇨."

예수께서는 베드로가 먼저 세금에 관해 언급하기 전에 세리들과 베드로가 나눈 이야기 내용을 아셨습니다. 주님은 그 자리에 계시지 않았습니다. 그러나 시몬 베드로와 세리 사이에 오간 대화를 주님은 이해하셨습니다. 예수께서는 우리가 나누는 사소한 말 한 마디까지 들으십니다.

"내가 너희에게 이르노니 사람이 무슨 무익한 말을 하든지 심판 날에 이에 대하여 심문을 받으리니"(마 12:36).

예수님의 전지성은 27절에도 나타납니다.

"네가 바다에 가서 낚시를 던져 먼저 오르는 고기를 가져 입을 열면 돈 한 세겔을 얻을 것이니."

예수께서 갈릴리 바다에서 맨 처음 낚는 고기에 한 세겔이 들어 있을 것이라고 말씀하십니다. 그분은 시몬 베드로가 처음 낚아 올릴 고기가 어떤 고기인지 아셨고 그 고기에 무엇이 있는지도 아셨습니다. 그분은 모든 것을 아십니다. 그분은 당신의 마음, 생각, 의식, 행동 하나에까지 주목하십니다.

둘째 / 주권성

예수께서 자신이 모든 것을 당연히 소유해야 함을 계시하십니다. 모든 것을 안다는 사실이 모든 것이 내 것이라는 이야기는 아닙니다. 이웃집의 모든 것을 안다고 해서 이웃집의 모든 것을 내 것으로 할 수 있는 권리가 우리에게는 없습니다.

그러나 주님은 달랐습니다. 그분은 이 세상 만물을 창조하신 분으로 세상 모든 것이 그분의 소유입니다. 그분은 만유(萬有)의 주(主)이시고 세상에 대해 주권을 갖고 계십니다.

셋째 / 섭리성

예수께서 모든 일을 섭리하십니다. 고기에 한 세겔이 들어 있는 일이나 그 고기가 베드로의 낚시에 걸리는 사건이 우리가 볼 때는 우연인 듯하지만 실제로 하나님의 섭리는 이와 같은 사소한 사건까지도 개입하여 역사하십니다.

우리가 일상 생활 가운데 드러내는 평범한 행동, 말 한 마디까지 포함해서 우리 삶의 배후에는 하나님께서 역사하고 계십니다. 예수께서는 모든 것을 아시고 다스리시고 그것을 주장할 수 있는 분입니다.

제자들이 따라야 할 행동 윤리

반 세겔은 성전세로 바치는 금액입니다. 예수님 당시에도 성전에 세금을 냈습니다. 반 세겔은 두 드라크마입니다. 한 드라크마는 노동자가 열심히 일해서 받는 하루 품삯입니다. 그러므로 이스라엘 백성들은 일 년에 이틀 분의 품삯을 성전 세금으로 바치는 셈입니다. 20세 이상의 모든 유대인 남자는 반드시 이 세금을 내야 했습니다.

"네가 이스라엘 자손의 수효를 따라 조사할 때에 조사받은 각 사람은 그 생명의 속전을 여호와께 드릴지니 이는 그 계수할 때에 그들 중에 온역이 없게 하려 함이라 무릇 계수 중에 드는 자마다 성소에 세겔대로 반 세겔을 낼지니 한 세겔은 이십 게라라 그 반 세겔을 여호와께 드릴지며 무릇 계수 중에 드는 자 곧 이십 세 이상 된 자가 여호와께 드리되"(출 30:12-14).

일정한 주거지 없이 오늘은 이곳 내일은 저곳으로 복음을 전하러 다니던 나사렛 예수께서도 세금을 내셨습니다. 세리가 베드로에게 이 점에 대해 물었을 때 베드로는 즉각 "내신다"고 대답했습니다. 물론 베드로가 세금을 안 내는 주님을 두둔하기 위해서 그렇게 말했다고는 생각되지 않습니다. 아마도 주님은 꼬박꼬박 세금을 내셨고 그 문제에 관해서는 적어도 확신이 있었기 때문에 베드로가 지체 없이 "내신다"고 대답했을 것입니다.

성경은 모든 그리스도인들의 시민 윤리 가운데 하나가 세금을 내는 것이라고 가르칩니다. 로마서 13장 7절에서 바울은 "모든 자에게 줄 것을 주되 공세를 받을 자에게 공세를 바치고 국세받을 자에게 국세를 바치고 두려워할 자를 두려워하며 존경할 자를 존경하라"고 말했습니다. 그리스도인은 정직하게 세금을 내야 합니다. 저는 예수께서 정직하게 세금을 내는 본을 보이셨다고 생각합니다. 그러나 당신이 기억해야 할 중요한 사실은 예수께서는 세금을 내실 필요가 없다는 점입니다.

본문 25절 말씀을 보십시오.
"가로되 내신다 하고 집에 들어가니 예수께서 먼저 가라사대 시몬아 네 생각은 어떠하뇨 세상 임금들이 뉘게 관세와 정세를 받느냐 자기 아들에게냐 타인에게냐."
고대 왕국에서 왕이 왕자에게 세금을 받는 경우는 없습니다. 왕자는 세금을 낼 필요가 없습니다. 예수님은 하나님의 아들입니다. 천지를 창조하신 하나님의 아들입니다. 성자(聖子) 하나님이신 그분은 만유의 주인이기도 합니다. 세금을 내는 목적은 성전을 유지하기 위함이었습니다. 성전의 주인은 예수님입니다. 그러므로 예수께서는 세금을 낼 필요가 없습니다. 주님은 단지 "오해케 하지 않기 위하여", 즉 다른 사람들을 넘어지지 않게 하기 위하여 세금을 내셨습니다.

"넘어지지 않게"라는 단어에서 "scandal"이라는 영어 단어가 나왔습니다. 그리스도인들은 불신자들이 넘어지지 않도록 성실하게 세금을 내야 합니다. 이는 복음의 장애가 되지 않도록 하기 위함입니다. 그리스도인은 주님의 본보기를 따라야 합니다.

이는 세금 뿐만 아닙니다. 우리는 시장에서 물건을 살 때 물건 값을 깎을 수 있습니다. 그런데 그 정도가 심해지면 불신자들이 보기에 쩨쩨할 뿐더러 "저 사람 예수 믿는다면서 순 노랭이구나" 하는 느낌을 주어 복음의 장애가 될 수 있습니다. 별 것 아닌 일에도 우리의 행동과 태도가 복음에 방해가 되지는 않을까 염려해야 합니다. 초신자의 믿음에 걸림돌이 되지 않을까 생각해 보고 오해가 생기지 않도록, 넘어지지 않도록 주의해야 합니다. 세금을 낼 필요가 없는 예수께서 세금을 내셨음을 감안할 때 우리의 생활 자세가 어떠해야 할지 판단할 수 있을 것입니다.

여기에 그리스도인의 자유 문제가 생깁니다. **우리가 하는 행동 가운데 많은 부분들은 선과 악으로 나눌 수 없는 것들이 있습니다. 악한 행동이나 죄 된 행동이 아님에도 불구하고 우리가 하지 말아야 할 일들이 있습니다. 당신은 술 마실 자유가 있고 담배 피울 자유가 있습니다. 먹고 마시는 것이 문제 되지 않습니다. 중요한 것은 그 행동들이 복음에 어떤 영향을 끼칠 것인가 하는 점입니다. 만약 오해를 일으켜 복음 전파에 장애 요인이 되고 하나님의 영광을 가리는 일이 된다면, 그리고 이웃 사람들이 하나님께 나오는 길에 걸림돌이 된다면 삼가십시오.**
성경은 이렇게 가르칩니다.
"고기도 먹지 아니하고 포도주도 마시지 아니하고 무엇이든지 네 형제로 거리끼게 하는 일을 아님함이 아름다우니라"(롬 14:21).
"이러므로 우리가 화평의 일과 서로 덕을 세우는 일을 힘쓰나니"(롬 14:19).

고린도전서 8장 13절에서 바울은 "그러므로 만일 식물이 네 형제로 실족케 하면 나는 영원히 고기를 먹지 아니하여 내 형제를 실족치 않게 하리라"고 고백합니다. 이것은 우상의 제물을 먹어도 좋은가, 즉 제사 지낸 음식을 먹어도 좋은가 하는 문제입니다. 이웃에서 제사 지낸 음식을 가져왔을 때 당신은 어떻게 하겠습니까? 그 음식을 먹느냐 안 먹느냐는 문제가 아닙니다. 우리가 신경 써야 할 부분은 주위 사람들이 우리의 행동을 어떻게 판단하느냐에 달려 있습니다. 어떤 사람들이 당신이 우상에게 바쳤던 제물을 먹느냐 안 먹느냐를 시험하려 한다면 먹지 말아야 합니다. 그러나 음식 때문에 넘어지거나 제한을 받을 이유가 전혀 없다면 먹어도 괜찮습니다.

고린도전서 8장 8,9절 말씀 역시 같은 내용을 다루고 있습니다. 바울 사도는 음식 때문에 마음에 부담을 갖거나 실족하여 하나님의 영광을 가리우게 된다면 약한 형제를 위하여 먹지 않겠다고 말합니다.
"식물은 우리를 하나님 앞에 세우지 못하나니 우리가 먹지 아니하여도 부족함이 없고 먹어도 풍성함이 없으리라 그런즉 너희 자유함이 약한 자들에게 거치는 것이 되지 않도록 조심하라"

세금을 내는 것은 그리스도인의 윤리와 관계가 있습니다. 세금을 내야 하는 중요한 이유는 복음 전파와 관계가 있기 때문입니다. 주님을 증거하고 나타내는 일과 관계가 있습니다. 간단하고 시시해 보이는 이 기적에서조차 그리스도인의 삶은 예수 그리스도와 중대한 관련을 맺고 있다는 사실을 기억해야 합니다. 우리 주변의 이웃들은 끊임없이 우리를 주목하고 있습니다. 세상은 그리스도인들을 주목하고 있습니다. 우리는 복음을 전하고 증거하는 일에 방해가 되지 않는 그리스도인들로서 시민 윤리를 정직하고 철두철미하게 지켜야겠습니다.

12

비폭력의 기적

마태복음 26장 47－56절

"말씀하실 때에 열둘 중에 하나인 유다가 왔는데 대제사장들과 백성의 장로들에게서 파송된 큰 무리가 검(劍)과 몽치를 가지고 그와 함께 하였더라 예수를 파는 자가 그들에게 군호(軍號)를 짜 가로되 내가 입맞추는 자가 그이니 그를 잡으라 하였는지라 곧 예수께 나아와 랍비여 안녕하시옵니까 하고 입을 맞추니 예수께서 가라사대 친구여 네가 무엇을 하려고 왔는지 행하라 하신대 이에 저희가 나아와 예수께 손을 대어 잡는지라 예수와 함께 있던 자 중에 하나가 손을 펴 검을 빼어 대제사장의 종을 쳐 그 귀를 떨어뜨리니 이에 예수께서 이르시되 네 검을 도로 집에 꽂으라 검을 가지는 자는 다 검으로 망하느니라 너는 내가 내 아버지께 구하여 지금 열두 영(營) 더 되는 천사를 보내시게 할 수 없는 줄로 아느냐 내가 만일 그렇게 하면 이런 일이 있으리라 한 성경이 어떻게 이루어지리요 하시더라 그때에 예수께서 무리에게 말씀하시되 너희가 강도를 잡는 것같이 검과 몽치를 가지고 나를 잡으러 나왔느냐 내가 날마다 성전에 앉아 가르쳤으되 너희가 나를 잡지 아니하였도다 그러나 이렇게 된 것은 다 선지자들의 글을 이루려 함이니라 하시더라 이에 제자들이 다 예수를 버리고 도망하니라."

룻 유다가 은 30냥에 예수님을 팔기로 작정한 후에 무리를 이끌고 겟세마네 동산에 당도했을 때, 베드로가 대제사장의 종 말고의 귀를 쳐서 떨어뜨렸습니다. 이때 예수께서 그의 귀를 만져서 낫게 하는 기적을 베푸시면서 이런 말씀을 하십니다.

"네 검을 도로 집에 꽂으라 검을 가지는 자는 다 검으로 망하느니라"(52절).

이 말씀과 산상수훈의 메시지에 큰 감동을 받은 사람이 있었습니다. 그는 인도의 큰 혼(魂) 마하트마 간디입니다. 간디는 대영제국의 식민지 정책에 대항하여 인도의 독립을 위하여 일어설 때, 본문 말씀을 근거로 하여 폭력을 배제하고 사랑과 진리로 민족을 위하여 싸우는 비폭력, 무저항 운동을 전개했습니다. "칼을 가진 사람에 대항하여 진리와 사랑으로 싸우는 일이 과연 가능한가?"라는 질문을 받은 간디는 다음과 같은 위대한 선언을 했습니다.

"폭력으로 얻은 승리는 폭력으로 망할 따름입니다. 나는 사랑하는 조국 인도에 영혼의 승리를 안겨 주고 싶습니다. 그렇다면 우리는 영혼의 힘을 믿어야만 합니다."

1987년 8월 12일자 조선일보 「만물상」에 이런 기사가 실렸습니다.

"「학생이 폭력을 행사하는 것이 정당한가」라고 『뉴욕 타임즈』 기자가 한국의 어느 대학생에게 질문했다. 그 학생은 '폭력은 정당화될 수 있다. 가령 나치에 대한 폭력은 정당한 것이었다'…." 이 글은 이렇게 끝나고 있습니다.

"폭력이 정당화될 수 있다는 그 대학생의 논리를 우리는 이해할 수가 있다. 그러나 지금은 폭력이 정당화될 때는 아니다. 폭력에 대한 폭력은 또다른 폭력을 낳는다. 비록 정당화될 수 있는 폭력이라도 삼가야 할 때가 있다. 지금은 어느 누구도 폭력을 써서는 안 될 때이다. 지켜 볼 때이다.”

성경은 하나님의 섭리에 근거한 「거룩한 전쟁」을 제외하고는 어떤 유형의 폭력도 정당화하지 않습니다. 우리는 민족적인 탈바꿈을 간절히 열망하면서도 오늘날의 과격한 일부 젊은이들의 생각이나 심지어 성경으로 폭력을 정당화하려는 일부 해방신학자들의 사상을 심각하게 우려하지 않을 수 없습니다. 우리는 이런 시점에서 간디 정신의 근원이었고 비폭력 운동의 근원이었던 본문 말씀으로 돌아가서 예수께서 말씀하셨던 비폭력의 기적이 의미하는 바를 배워야 하겠습니다.

예수께서 자신을 체포하러 온 병정의 귀를 쳐서 떨어뜨린 제자에게 칼을 칼집에 꽂으라고 타이르면서 이렇게 경고하셨습니다.
“검(劍)을 가지는 자는 다 검으로 망하느니라.”
이 말씀이 단순히 비폭력만을 가르친 말씀은 아닙니다. 사실 ‘비폭력’이라는 단어 자체는 간디가 말했던 『사타크라하』라는 단어에 대한 적절한 번역이 아닙니다. 비폭력이라는 단어는 대단히 수동적이고 소극적입니다. 우리는 이 단어를 적극적이고 좋은 의미로 해석하지 않습니다. 간디가 이 말씀을 읽으면서 발견했던 예수님의 정신은 “폭력을 쓰지 않는다”는 소극적 의미 뿐만 아니라 한 걸음 더 나아가 그리스도의 정신과 발자취를 따라야 한다는 좀더 적극적인 정신이었고, 이것이 그의 운동의 기본 사상이 되었습니다.

주님은 본문의 메시지를 통해 칼을 쓰지 않는 중요성만을 가르치신 것이 아닙니다. 이 말씀은 예수님의 발자취를 따라서 어떻게 살아가야 하는가를 고민하는 모든 시대의 예수님의 제자들에게 주는 삶의 교훈입니다. 저는 본문의 적절한 의미를 “이것은 비폭력의 기적일 뿐

만 아니라 인격의 기적이다"라고 정의(定義)하고 싶습니다.

인내의 기적

인간이 마지막까지 지켜야 할 것은 자기 목숨입니다. 인간은 자기 목숨을 소중히 여기는 본능을 가지고 있습니다. 그런데 예수께서는 목숨이 위협당하는 상황에서 다음과 같이 말씀하십니다. "그 중에 한 사람이 대제사장의 종을 쳐 그 오른편 귀를 떨어뜨린지라 예수께서 일러 가라사대 「이것까지 참으라」 하시고 그 귀를 만져 낫게 하시더라"(눅 22:50, 51).
히브리서 기자도 그리스도인들에게 이렇게 권면합니다.
"믿음의 주(主)요 또 온전케 하시는 이인 예수를 바라보자 저는 그 앞에 있는 즐거움을 위하여 십자가를 「참으사」…"(히 12:2).
우리는 목숨이 위태로운 현장에서도 그리스도인답게 하나님이 요구하시는 삶의 모습을 지키기 위해 인내해야 합니다.
"이것까지 참으라."

한국인의 기질 가운데 가장 크게 문제되고 있는 특성이 참지 못하는 성급함입니다. 미국에서 생활하면서 느끼는 점은 미국 사람들은 잘 참는다는 사실입니다. 미국에 살고 있는 수많은 인종 가운데서 한국 사람을 구별해 내는 일은 결코 어렵지 않습니다. 줄을 서서 기다리고 있는 사람 가운데 참지 못하고 안절부절하는 사람은 틀림없이 한국 사람입니다.
어떤 사람이 자신에게 인내가 얼마나 부족한가를 절실히 느끼고 하나님께 이렇게 기도했다고 합니다. 저는 이 사람이 한국 사람일 것이라고 생각합니다.
"하나님, 저에게 인내를 주십시오. 지금 '당장' 인내를 주십시오."
인내를 달라고 기도하면서 인내하지 못하는 것이 한국인의 특성을 잘 나타내는 것이라고 생각합니다.

우리는 쉽게 출세하기 원합니다. 쉽게 성공하기 원합니다. 거쳐야 하는 과정을 무시하고 결과만을 기대합니다. 벼락 부자를 꿈꾸고 수단과 방법을 가리지 않고 목표만 달성하려 합니다. 이런 의식들 덕분에 오늘날 한국 경제가 초고속으로 성장했는지 모르지만, 그 와중에서 우리의 인격은 파괴당하였습니다. 올바른 삶의 태도를 상실하였습니다. 그렇기 때문에 무엇보다 과정을 중요시해야 합니다. 우리는 이 과정을 무시한 대가로 오늘날 발전하고도 부끄러운 모습의 민족이 되었습니다.

한국 교회는 짧은 시간에 세계사에 유래가 없는 부흥을 일으켰습니다. 그러나 교회를 부흥시키기 위해서 세상과 다름없이 수단과 방법을 가리지 않는 모습을 주위에서 쉽게 찾아볼 수 있습니다. 교인 수가 천만 명을 넘는다는 양적 팽창을 자랑하지만 한국 교회가 진정으로 세계 앞에 자랑할 것이 무엇이냐는 질문을 받는다면 내놓을 것이 없는 부끄러운 교회가 되고 말았습니다. 우후죽순처럼 생겨나는 교회의 난립과 그나마 아주 작은 교회에서조차 추악한 싸움과 분쟁이 그치지 않음을 볼 때 과정을 무시한 결과주의가 한국 교회에 미친 영향이 얼마나 심각한지 알 수 있습니다. 수치스러운 모습이 아닐 수 없습니다.

예수께서 십자가를 앞에 두고 이렇게 말씀하십니다.
"한 알의 밀이 땅에 떨어져 죽지 아니하면 한 알 그대로 있고 죽으면 많은 열매를 맺느니라"(요 12:24).
주님은 열매를 맺기 위해서는 밀알이 죽어야 함을 아셨습니다. 그래서 그분은 십자가를 거부하지 않으셨습니다. 이 말씀은 십자가 고난 다음에 올 영광을 바라보면서 하신 말씀입니다.
하나님의 아들이 이 땅에 오셔서 십자가를 지셨습니다. 아무런 죄가 없으신 분이 우리의 죄를 담당하시고 십자가의 고통을 감내하셨습니다. 십자가에서 보배로운 피를 흘리셨습니다. 예수께서 값 비싼 대가를 지불하신 결과, 우리가 값없이 은혜로 구원을 얻게 되었습니다. 예수님을 우리의 구세주로 믿기만 하면 죄 사함을 받고 하나님의 자녀가 되는 권세와 영원한 생명을 선물로 받게 되었습니다. 십자가가 없다면 기독교는 값싼 은혜의 종교가 되었을지도 모릅니다. 하지만 십자가 때문에 우리가 전하는 복음은 값 비싼 복음이 되었습니다.

대가 없는 결과는 기대하지 말아야 합니다. 그런데 오늘날 한국 교회의 성도들은 십자가를 오해하고 있습니다. 상당한 경제 기적을 일으켰음에도 불구하고 한국 민족은 결과주의에 치우친 나머지 국제 무대에서 인격에 금이 가는 수치와 모욕을 당하고 있습니다. **우리 내부에 진정한 인격 혁명이 일어나야 하겠습니다. 당신은 인간 관계에서, 가정에서, 직장에서 참을 수 없는 상황을 겪고 있습니까? 우리 모두를 향해서 하신 주님의 말씀에 도전을 받읍시다. 목숨이 위협당하는 순간까지도 참읍시다. 예수께서 우리에게 인내의 기적을 요구하십니다.**

사랑의 기적

예수께서 이렇게 인내하실 수 있었던 이유가 무엇 때문이겠습니까? 자기를 체포하러 온 사람을 도와 그의 귀를 치료하는 기적을 베푸신 이유가 무엇입니까? 그것은 사랑 때문입니다. 자신의 생명을 위협하고 있는 적이었음에도 불구하고 그를 사랑하셨기 때문입니다. 예수께서 말로만 "원수를 사랑하라"고 가르치지 않으셨습니다. 그분은 행동으로 보여 주셨습니다.

사랑은 관념이 아닙니다. 이웃을 사랑하기 원하십니까? 원수도 사랑하기 원하십니까? 그렇다면 사랑은 관념이라는 생각을 버리십시오. "사랑"이라는 단어의 가장 구체적인 의미는 『아가페』라는 단어에 나타나 있습니다. 성경이 말하는 아가페의 의미는, 사랑해야 할 대상의 이익을 구하는 것입니다. 상대방의 유익을 구하는 어떤 구체적인 행동입니다. 성경이 아가페라는 단어를 사용할 때 그런 의미를 내포한다는 점을 잊지 마십시오.

사랑은 구체적인 친절이어야 합니다. 사랑은 구체적인 수고이어야 합니다. 나를 박해하고 못살게 굴고 나에게 심각한 손해나 피해를 입힌 사람에 대해서도 구체적인 사랑의 손길을 내밀 수 있는 것이 진정한 사랑입니다.

바울 사도는 이렇게 말합니다.
"너희를 핍박하는 자를 축복하라 축복하고 저주하지 말라"(롬 12:14).
"내 사랑하는 자들아 너희가 친히 원수를 갚지 말고 진노하심에 맡기라 기록되었으되 원수 갚는 것이 내게 있으니 내가 갚으리라고 주께서 말씀하시니라 네 원수가 주리거든 먹이고 목마르거든 마시우라 그리함으로 네가 숯불을 그 머리에 쌓아 놓으리라"(롬 12:19, 20).

사람을 미워하지 않는다는 사실만으로는 사랑이 부족합니다. 원수가 생존의 위협을 당할 때 그를 도와주는 것이 그리스도인의 사랑의 경지여야 합니다. 사랑은 구체적인 행동으로 나타나야 합니다. 당신은 원수에게 구체적인 친절을 베풀 수 있습니까? 이것이 주님이 주시는 도전입니다. 사랑은 관념이 아닙니다. 사랑은 구체적인 관심이고 수고입니다.

나치와 싸우면서 삶에 대한 많은 교훈을 남겼던 독일의 유명한 신학자 본 훼퍼는 성경을 읽다가 예수님에 대해서 이런 아름다운 고백을 했습니다.

"그분은 철저하게 타인을 위한 존재였다."
주님은 남을 위해서 평생을 사신 분이었습니다.

자신을 체포하려는 대제사장의 종에게 관심을 갖는 주님을 보십시오. 그 종은 대단한 사람이 아니었으나 주님은 그에게 관심을 보이고 자비를 베푸셨습니다. 그분은 십자가에서까지 이러한 모습을 보여 주셨습니다. 자신을 십자가에 매달고 조롱하고 야유하고 침을 뱉는 무리를 보면서 주님은 이렇게 기도하셨습니다.

"아버지여 저희를 사하여 주옵소서 자기의 하는 것을 알지 못함이니이다"(눅 23:34).

예수께서는 한 강도가 회개하자 "오늘 네가 나와 함께 낙원에 있으리라"(눅 23:43) 하시며 최후의 순간까지 영혼 구원에 힘쓰셨습니다. 그분은 마지막 피 한 방울을 흘리시면서까지 자기 자신이 아닌 이웃에게 관심을 가지셨습니다.

영국의 어떤 목사님 한 분이 불치의 병을 앓게 되었습니다. 그런데 어떤 사람이 자신이 예수 그리스도의 화신(化身)이라면서 헌금을 하면 고쳐 주겠다고 했습니다. 이때 그 존경받는 목사님이 이렇게 대답했다고 합니다.

"당신이 예수님의 화신이라고요? 그렇다면 당신의 손을 내게 보여 주십시오. 당신의 손에 못자국이 있나 보고 싶습니다. 당신의 옆구리에 창에 찔린 상처가 있나 보고 싶습니다. 내가 사랑하는 주님은 나를 위해 못자국을 남기셨습니다. 나를 위해 상처받은 그 주님이 아니고는 아무도 나를 치료할 수가 없습니다."

누군가를 사랑하십니까? 그를 위해서 당신이 상처받기를 원하십니까? 희생이 없는 사랑을 말하지 마십시오.

중세 기독교에는 이런 사건도 있었습니다. 당시 교회는 말할 수 없이 부패해 있어서 사람들이 설교를 듣지 않았습니다. 이런 상황일 때 이탈리아 산간 마을에 한 수도사가 있었는데 사람들이 이 분의 설교만은 잘 들었습니다. 그 설교에는 수도사의 삶과 인격이 담겨 있었기 때문입니다. 그런데 이 수도사가 병석에 눕게 되었습니다. 투병 중이던 어느 날 그가 갑자기 일어나더니 마지막 설교를 하고 싶다고 했습니다. 이 소문이 온 마을에 퍼졌습니다. 주일이 되자 그 마을 뿐만 아니라 이웃 마을에서까지 많은 사람들이 설교를 들으려고 몰려왔습니다.

그 날 이 수도사의 설교 제목은 「하나님의 사랑」이었습니다. 그는 부축을 받으며 강대상에 올랐습니다. 수도사의 요청에 따라 교회 내부의 불을 모두 껐습니다. 캄캄한 교회당에서 등불을 높이 든 수도사가 강단 앞의 고통당하는 예수님 상(像)을 향해 비틀거리며 걸어갑니다. 그는 등불을 높이 들더니 예수님의 못자국 난 손에 등불을 비추었습니다. 그 다음에는 창에 찔린 옆구리에 등불을 갖다 대었습니다. 사람들은 수도사가 든 등불을 따라 못자국 난 예수님의 손과 옆구리를 지켜 보았습니다. 등불을 다 비춘 그는 천천히 강대상에서 내려왔습니다. 그것이 그의 마지막 설교였습니다.

예수 그리스도는 십자가의 상처를 통해 우리를 향한 사랑을 증명하셨습니다. 당신은 이웃의 수고와 아픔을 짊어지고 상처를 받으면서 구체적인 이웃 사랑을 실천할 준비가 되어 있습니까? 예수께서 이 사랑의 기적을 우리에게 요구하십니다.

하나님의 뜻에 순종하는 기적

예수께서 칼을 쓰지 않으시고 순순히 십자가로 가신 이유가 무엇이겠습니까? 마태복음 26장 53절 말씀을 보십시오.

"너는 내가 내 아버지께 구하여 지금 열두 영(營) 더 되는 천사를 보내시게 할 수 없는 줄로 아느냐."

한 영은 삼천 명 내지 육천 명으로 구성된 로마 군대의 편성 단위입니다. 예수께서 살려고 하셨다면 얼마든지 사실 수 있었습니다. 예수께서 십자가를 향해서 가신 이유는 다음 말씀에서 알 수 있습니다.

"내가 만일 그렇게 하면 이런 일이 있으리라 한 성경이 어떻게 이루어지리요 하시더라"(54절).

십자가는 하나님의 뜻이었기 때문입니다. 하나님의 계획이었기 때문입니다.

현대 사회를 지배하는 중요한 시대 정신 가운데 하나는 "어떻게 내 힘을 과시할 것인가"입니다. 예수께서 자신을 잡으러 온 사람들에게 불을 내려 다 없애버렸다면 이것은 얼마나 멋진 힘의 과시가 되었겠습니까? 그러나 주님은 그 길을 선택하지 않으셨습니다. 주님은 이 상황에서 "어떻게 나의 힘을 과시할 것인가, 나를 욕되게 하고 있는 저 사람들을 어떻게 혼쭐을 낼 것인가?"를 고민하신 것이 아니라 어떻게 하나님의 뜻에 순종할 것인가를 생각하셨습니다.

당신은 욕을 먹고 손해를 보면서도 분노하고 앙갚음할 생각을 하는 대신 하나님께 순종할 마음을 갖출 수 있습니까?

영국의 유명한 장군이며 정치가이고 수상까지 역임한 바 있는 크롬웰은 인기와 권력의 정상에서 하루아침에 은퇴를 선언했습니다.

"나는 이제 내 시골 교회당에 돌아가서 말씀을 가르치며 주님을 섬기고 싶소."

『아니 수상 각하, 각하는 아직도 힘이 있고 많은 일을 할 수 있는데 왜 떠나려고 하십니까?』

"나는 환상을 좇지 않습니다. 나는 주님의 뜻을 좇고자 합니다."

권력을 붙들고 있는 것, 사람들에게 존경받는 것, 그것은 크롬웰에게 환상 같은 것이었습니다. 그에게 더 중요한 것은 하나님의 뜻이었습니다.

동화책에서 본 것이 생각나는데, 엄마와 어린 딸이 들판으로 소풍을 왔습니다. 아이가 나비를 보고 잡으려고 쫓아갑니다. 그때 엄마가 소리를 칩니다.
"안 돼, 거기로 가면 안 돼!"
이 아이는 나비만 보다가 그만 앞의 절벽을 보지 못하였던 것입니다.
당신이 추구하고 있는 권력, 야망과 성공 바로 건너편에 어쩌면 우리 인격의 파멸이라는, 영혼의 파멸이라는 절벽이 당신을 기다리고 있을지 모릅니다. 이 환상을 쫓다가 정말 중요한 삶의 자세를 잃을 수 있습니다. 당신은 환상을 쫓고 있습니까, 아니면 하나님의 뜻을 구하고 있습니까?

요한일서 2장 17절에서 사도 요한은 이렇게 말했습니다.
"이 세상도, 그 정욕도 지나가되 오직 하나님의 뜻을 행하는 이는 영원히 거하느니라."
당신은 어떤 상황 가운데 살고 있습니까? 무엇이 당신을 고민하게 만듭니까? **현재 상황에서 내가 받는 상처, 내가 당하는 어려움이나 손해를 중심으로 고민하는 것이 아니라 하나님의 뜻이 무엇인지 발견하십시오. 주님 뜻에 순종하기를 간구하십시오. 이것이 십자가입니다. 십자가를 중심으로 한 인격의 기적을 구할 수만 있다면 우리 삶은 큰 변화를 맛볼 것입니다.**

하나님께서 십자가 정신에 근거한 인격의 기적을 우리 민족에게 주고자 하십니다. 이 기적은 어떤 정치 지도자에게만 요구할 사항은 아닙니다. 이 민족의 구성원인 당신은 오늘이라는 역사의 현장에서 어떻게 살고 있는지 되돌아보고, 당신과 가까이에서 생활하고 있는 이웃들 앞에서 어떻게 살아야 할지 새롭게 결심하는 시간이 되기 바랍니다.

13
골고다의 마지막 기적들

마태복음 27장 45—54절

"제 육 시로부터 온 땅에 어두움이 임하여 제 구 시까지 계속하더니 제 구 시 즈음에 예수께서 크게 소리 질러 가라사대 엘리 엘리 라마 사박다니 하시니 이는 곧 나의 하나님, 나의 하나님, 어찌하여 나를 버리셨나이까 하는 뜻이라 거기 섰던 자 중 어떤 이들이 듣고 가로되 이 사람이 엘리야를 부른다 하고 그 중에 한 사람이 곧 달려가서 해융을 가지고 신 포도주를 머금게 하여 갈대에 꿰어 마시우거늘 그 남은 사람들이 가로되 가만 두어라 엘리야가 와서 저를 구원하나 보자 하더라 예수께서 다시 크게 소리 지르시고 영혼이 떠나시다 이에 성소 휘장이 위로부터 아래까지 찢어져 둘이 되고 땅이 진동하며 바위가 터지고 무덤들이 열리며 자던 성도의 몸이 많이 일어나되 예수의 부활 후에 저희가 무덤에서 나와서 거룩한 성에 들어가 많은 사람에게 보이니라 백부장과 및 함께 예수를 지키던 자들이 지진과 그 되는 일들을 보고 심히 두려워하여 가로되 이는 진실로 하나님의 아들이었도다 하더라."

**예**수께서는 3년간의 공생애 기간에 실로 많은 기적을 행하셨습니다. 그 중에 가장 위대한 기적은 골고다 언덕에서 일어난 일련의 사건들이었습니다. 예수께서 골고다 언덕에서 십자가에 달리시던 날 어떤 사건들이 있었습니까? 본문에는 자연 법칙으로 설명이 안 되는 기적들 다섯 가지가 언급되어 있습니다. 어둠이 뒤덮이고, 휘장이 찢어지고, 지진이 일어나고, 무덤이 열리고, 일부 성도들이 부활하는 사건이 그것입니다.

이 기적들은 예수 그리스도가 십자가에 달리신 이유와 그분의 생애, 죽으심, 그리고 부활의 의미를 전달하고 있습니다. 예수께서 이 기적들로 인류를 향한 가장 위대한 메시지를 형상화하셨습니다.

세 시간의 어두움

46절 말씀을 보십시오.
"제 육 시로부터 온 땅에 어두움이 임하여 제 구 시까지 계속하더니."
제 육 시는 정오를 말합니다. 예수께서는 아홉 시쯤 십자가에 달리셨는데 열두 시부터 오후 세 시까지 골고다 언덕에 어둠이 뒤덮였습니다. 이 기적은 결단코 일시적인 자연 현상이 아닙니다.

어떤 사람은 이 일을 일식 현상으로 설명할지 모릅니다. 예수께서 십자가에 달리신 때는 유월절이었는데 유월절 기간은 보름달이 뜨는 시기입니다. 그런데 보름일 때는 일식이 일어날 수 없습니다. 그러므로 이 어두움은 자연 현상이 아니라 기적임이 확실합니다.

예수께서는 십자가에서 어두움을 향해 이렇게 외치셨습니다.

"엘리 엘리 라마 사박다니 … 나의 하나님, 나의 하나님, 어찌하여 나를 버리셨나이까"(46절).

창세 전부터 성부 하나님과 성자 하나님 사이에는 끊임없는 교제가 있었습니다. 그런데 성부 하나님이 성자 하나님을 외면하셨습니다. 예수께서는 온 인류의 죄를 감당하시려고 십자가에 달리사 죽음을 맞으려 하십니다.

"세상 죄를 지고 가는 하나님의 어린양이로다"(요 1:29).

하나님의 아들 예수 그리스도의 십자가 사건은 우리의 죄를 짊어진 사건입니다. 죄 없으신 분이 죄인이 되셨습니다. 하나님의 진노를 그리스도께서 한 몸에 받으셨습니다. 하나님의 거룩하심은 인간의 죄를 용납하지 않으시고 심판을 내리십니다. **하나님께서 캄캄한 어두움으로 죄에 대한 진노와 저주를 발하셨습니다.**

성소의 휘장이 찢어짐

51절 말씀을 보십시오.

"이에 성소 휘장이 위로부터 아래까지 찢어져 둘이 되고."

이스라엘 백성들은 하나님 앞에 직접 나갈 수 없었습니다. 인간이 하나님을 대하는 것은 언제나 두려운 일이었습니다. 죄인이 어떻게 거룩하신 하나님 앞에 설 수가 있습니까?

하나님과 만나는 일은 대제사장이 일 년에 한 차례씩 그 백성들의 모든 죄를 대신하는 제물의 피를 들고 지성소에 나아갈 때 이루어졌습니다. 거룩한 곳 가운데서도 가장 거룩한 곳이 하나님이 계시는 지성소였습니다. 지성소와 성소는 휘장으로 구분되어 있었습니다. 예수께서 숨을 거두신 뒤 어둠 가운데 성전의 휘장이 위로부터 아래로 찢어졌습니다. 하나님께서 찢으셨습니다.

이제 지성소로 나갈 수 있는 길이 열렸습니다. 우리는 예수님

덕분에 감히 하나님 앞에 설 수 있게 되었습니다. 아무도 하나님을 만날 수 없었는데 그리스도 예수의 십자가 사건으로 말미암아 우리가 죄를 사함받고 하나님과 직접 교제를 나누게 되었습니다. 휘장이 찢어짐으로 해서 하나님과 인간의 관계가 회복됨이 상징으로 나타났습니다.

히브리서 기자는 이 사건을 이렇게 설명합니다. "그러므로 형제들아 우리가 예수의 피를 힘입어 성소에 들어갈 담력을 얻었나니 그 길은 우리를 위하여 휘장 가운데로 열어 놓으신 새롭고 산 길이요 휘장은 곧 저의 육체니라"(10:19, 20). **예수 그리스도께서 십자가에서 피 흘리심으로 말미암아 우리와 하나님 사이에 놓여 있던 장벽이 무너졌습니다.** 살아 계신 하나님을 아버지라고 부를 수 있게 되었습니다. 우리가 그분의 자녀가 되었습니다.

지진

54절 말씀을 보십시오.
"백부장과 및 함께 예수를 지키던 자들이 지진과 그 되는 일들을 보고."
예수께서 십자가에서 다음 말씀을 하시고 숨을 거두셨습니다.
"다 이루었다"(요 19:30).
그리스도는 인간의 죄를 구속(救贖)하기 위해 이 땅에 오셨습니다. 인자(人子)의 온 것은 자기 목숨을 속죄 제물로 주려 하심이라고 했습니다. 예수께서 십자가에서 우리 죄를 사하시고 구원을 이루시므로 지상에 오신 목적을 달성하셨습니다. 바로 그때 지진이 일어났습니다.

한 설교가는 이 광경을 묵상하다 이렇게 소리 쳤습니다. "그렇다. 죄 문제는 해결되었다. 인간에게 희망의 새 날이 열렸다. 우리는 구원받을 수 있다. 지진은 이 일을 선포하는 땅의 함성이다.”

지진은 갈보리의 모든 것을 흔들어 놓았습니다. 그런데 십자가는 그대로 있었습니다. 바위가 터지면서 모든 것이 흔들리는데도 언덕 위의 십자가는 그대로 서 있었습니다. 지진은 십자가 사건을 축하하는 놀라운 사건이었습니다.

하나님의 구속(救贖) 사역이 그리스도 예수께서 죄 값을 치르시므로 완성되었습니다. **땅조차 예수 그리스도께서 성취하신 놀라운 십자가상의 승리를 찬양하고 선포하였습니다.**

무덤이 열림

51,52절 말씀을 보십시오.
“땅이 진동하며 바위가 터지고 무덤들이 열리며.”
예수께서 십자가에서 구속 사역을 완성하고 돌아가셨을 때 무덤이 열렸습니다. 이스라엘의 무덤은 바위로 입구를 막아 놓았는데 그 바위들이 갈라졌다는 말입니다.

인간은 어느 누구도 죽음을 피할 수 없습니다. 인간이 해결하지 못하는 문제가 바로 죽음입니다. 죽음을 이길 자는 세상에 없습니다. **그런데 무덤이 열리는 사건으로 죽음을 이기는 징조가 나타났습니다.** 예수께서 십자가에 달리심으로 이 일이 가능해졌습니다. 무덤이 열리면서 예수께서 사망 권세를 이기실 것을 미리 보여 주었습니다.

사람들이 부활함

53절 말씀을 보십시오.
“예수의 부활 후에 저희가 무덤에서 나와서 거룩한 성에 들어가 많은 사람에게 보이니라.”

예수께서 숨을 거두시자 무덤이 열렸습니다. 무덤에 있던 자들은 예수께서 부활하신 후에 무덤 밖으로 나왔습니다. 예수님보다 먼저 무덤에서 나오지 않았습니다. 그리스도가 부활의 첫 열매이기 때문입니다. 우리는 예수님처럼 부활의 삶을 살게 될 것입니다. 예수께서 죽음이 마지막이 아니라는 사실을 실제로 입증하셨습니다.

"나는 부활이요 생명이니 나를 믿는 자는 죽어도 살겠고"(요 11:25).

우리가 세상을 떠나지만 장래에 부활할 것을 믿는다면 죽음을 두려워할 필요가 없습니다. 그리스도인에게는 죽음이 끝이 아닙니다. 대부분의 사람들이 예수께서 다시 오시는 날 무덤에 있을 것입니다. 인간은 일단 죽을 수밖에 없기 때문입니다. 그러나 주께서 천군 천사의 나팔 소리와 함께 재림하실 때 잠자던 자들이 모두 일어날 것입니다. **무덤이 열리고 죽은 자가 살아나 예루살렘 성에 들어가는 기적은 장차 있을 성도들의 부활을 예표하는 사건이었습니다.**

하나님의 아들임을 고백

세 시간 동안의 암흑과 성전의 휘장이 찢어지고 지진이 일어나고 무덤 문이 열리고 사람들이 살아나는 장면을 목격한 사람의 고백을 들어봅시다.

"백부장과 및 함께 예수를 지키던 자들이 지진과 그 되는 일들을 보고 심히 두려워하여 가로되 이는 진실로 하나님의 아들이었도다 하더라"(54절).

백부장은 예수님의 제자가 아닙니다. 그는 예수님을 찾아 체포해서 사형을 집행하는 일에 앞장섰던 군인입니다. 그리스도와 상관없는 사람입니다. 이러한 사람조차도 마지막 기적을 보고는 예수님이 "하나님의 아들"이라는 놀라운 고백을 합니다. 그리스도를 십자가에 못박던 사람들의 입술에서 이와 같은 말이 나왔다는 것은 최고의 기적이라 할 수 있습니다.

죽음은 고독한 길입니다. 아무도 같이 갈 수 없습니다. 의지할 것도 없습니다. **오직 유일하신 하나님의 아들 예수 그리스도를 의지할 때만 영생의 길로 들어갈 수 있습니다. 이는 십자가의 기적을 통해 그리스도를 구주로 고백하고 죄를 사함받아 거듭나는 체험을 해야만 가능합니다.** 당신도 본문의 기적을 보면서 예수님을 "하나님의 아들"로 고백하기 바랍니다.

제 3 부

마가복음에 기록된 기적

14

귀신들린 사람들

마가복음 1장 21-28절

"저희가 가버나움에 들어가니라 예수께서 곧 안식일에 회당에 들어가 가르치시매 뭇 사람이 그의 교훈에 놀라니 이는 그 가르치시는 것이 권세 있는 자와 같고 서기관들과 같지 아니함일러라 마침 저희 회당에 더러운 귀신들린 사람이 있어 소리 질러 가로되 나사렛 예수여 우리가 당신과 무슨 상관이 있나이까 우리를 멸하러 왔나이까 나는 당신이 누구인 줄 아노니 하나님의 거룩한 자니이다 예수께서 꾸짖어 가라사대 잠잠하고 그 사람에게서 나오라 하시니 더러운 귀신이 그 사람으로 경련을 일으키게 하고 큰 소리를 지르며 나오는지라 다 놀라 서로 물어 가로되 이는 어찜이뇨 권세 있는 새 교훈이로다 더러운 귀신들을 명한즉 순종하는도다 하더라 예수의 소문이 곧 온 갈릴리 사방에 퍼지더라."

근 신학계에서 귀신에 대한 중요한 논쟁이 벌어지고 있습니다. 논쟁의 내용은 "신자들도 귀신들릴 수 있는가"입니다. 어떤 사람들은 신자들은 절대로 귀신들릴 수 없다고 말합니다. 그 근거로 우리가 예수님을 구세주로 영접할 때 성령께서 우리 안에 거하시는 점을 들고 있습니다. 신자들이 귀신의 영향을 받을 수 있을지는 모르지만 귀신의 소유가 될 수는 없다는 주장입니다.

이 주장을 뒷받침하는 성경 말씀은 요한일서 5장 18절입니다. "하나님께로서 난 자마다 범죄치 아니하는 줄을 우리가 아노라 하나님께로서 나신 자가 저를 지키시매 악한 자가 저를 만지지도 못하느니라." 이 말씀이 사실이라면 귀신이 성도들을 소유할 수 없음이 분명합니다.

또 어떤 그리스도인이나 학자들은 그럼에도 불구하고 신자도 귀신들릴 수 있다고 합니다. 이들의 주장을 지지해 주는 성경 말씀은 누가복음 13장 10절입니다. "안식일에 한 회당에서 가르치실 때에 십팔 년 동안 귀신들려 앓으며 꼬부라져 조금도 펴지 못하는 한 여자가 있더라." 주의할 점은 이 말씀을 보고 모든 병이 귀신들림에서 비롯된다고 비약시키면 안 된다는 것입니다. 어떤 병은 귀신 때문에 생길 수 있습니다. 그러나 모든 병이 귀신 때문에 생기는 것은 아닙니다. 회당에 있던 여자는 확실히 귀신 때문에 병을 앓게 되었으나 예수께서 이를 고쳐 주셨습니다. "그러면 십팔 년 동안 사단에게 매인 바 된 이 아브라함의 딸을 안식일에 이 매임에서 푸는 것이 합당치 아니하냐"(눅 13:16). 예수께서 아브라함의 딸이라는 표현을 쓰셨습니다. 만약 "아브라함의 딸"을 그리스도인을 지칭하는 말로 본다면 그리스도인들도 사단에 매일 수 있다는 결론이 나옵니다. 예수께서 삭개오를 찾아 구원하신 다음 "너는 하나님의 자손이다. 아브라함의 자손이다"(눅 19:9 참조)라고 말씀하셨습니다. 이런 표현에 근거해서 우리가 그리스도인임에도 불구하고 사단의 포로가 될 수 있다는 주장을 펴는 이들이 있습니다.

고린도전서 5장 5절 말씀을 보십시오.
"이런 자를 사단에게 내어 주었으니 이는 육신은 멸하고 영은 주 예수의 날에 구원 얻게 하려 함이라."
고린도 교회에는 신자임에도 불구하고 우리로서는 도저히 상상할 수 없는 성(性) 범죄를 저지르는 사람들이 있었습니다. 예수께서 이런 사람들을 징계하실 때 마지막 단계에서 사단에게 내어 준다고 하셨습니다. 하나님께서 그리스도인들이 범죄할 때 그들을 사단에게 내어 주는 것이 사실이라면, 상당한 범위에서 우리의 삶이 사단에게 농락당할 수 있음을 추리할 수 있습니다.
사도행전 5장 3절 말씀을 보십시오.
"베드로가 가로되 아나니아야 어찌하여 사단이 네 마음에 가득하여 네가 성령을 속이고 땅값 얼마를 감추었느냐."
아나니아와 삽비라가 거듭난 그리스도인인지 아닌지는 본문만 가지고는 알 수가 없습니다. 만약 아나니아와 삽비라가 중생한 그리스도인이고 확실한 교인이면서도 이런 범죄를 저질렀다면, 베드로의 책망에 나타난 바와 같이 사단이 신자에게도 역사할 수 있음을 증명하는 셈이 됩니다.

신자들이 귀신에게 포로가 되지는 않지만 대부분의 그리스도인들이 사단의 영향을 받으며 살아간다는 점은 인정하는 듯합니다. 그래서 바울이 에베소서 4장 27절에서 "마귀로 틈을 타지 못하게 하라"고 했습니다. 고린도전서 7장은 기도할 틈을 얻는 잠시의 시간을 빼놓고는 부부가 헤어져 있는 것은 절대로 바람직하지 못하다고 말합니다.

"이는 너희의 절제 못함을 인하여 사단으로 너희를 시험하지 못하게 하려 함이라"(5절).
부부 사이를 갈라 놓고 가정 파탄을 초래하는 일에도 사단이 개입함을 경고하고 있는 말씀입니다.

욥기에도 사단이 하나님의 허락을 받아 욥의 자녀와 재산을 치고 욥을 시험하는 모습이 생생하게 그려져 있습니다. "신자도 귀신들릴 수 있는가?"에 대한 질문에 결론을 내리기는 어렵지만 신자들의 삶에 귀신의 영향이 상당히 있다는 것은 부인할 수 없는 사실입니다.

본문에서 예수님은 가버나움의 한 회당에 들어가셔서 귀신들린 자를 만났습니다. 오늘날로 말하면 예수께서 교회에서 귀신들린 자를 만났다는 것입니다. 이 말씀으로 귀신들린 교인의 모습을 한 번 생각해 보려고 합니다. 귀신의 영향을 받았을 때 사람이 어떻게 되는가 알아보기 위해 귀신의 정체를 살펴보겠습니다.

귀신의 정체

본문에서 더러운 귀신이 발작한 시기는 예수께서 말씀을 강력하게 전하셨을 때입니다. 그때 귀신은 자신의 정체를 스스로 폭로하였습니다. 하나님의 말씀은 사람의 깊은 곳을 드러냅니다. 그것이 말씀의 권세 가운데 하나입니다.
히브리서 4장 12절 말씀을 보십시오.
"하나님의 말씀은 살았고 운동력이 있어 좌우에 날선 어떤 검보다도 예리하여 혼과 영과 및 관절과 골수를 찔러 쪼개기까지 하며 또 마음의 생각과 뜻을 감찰하나니."
하나님이 살아 계신 것처럼 하나님의 말씀도 살아 있습니다. 이 말씀이 권세 있게 역사할 때 말씀의 예리한 칼이 우리 영혼의 깊은 곳을 건드립니다. 그러므로 말씀 전하는 설교자를 위하여 기도할 때는 언제나 간절하게 기도해야 합니다. 기도가 부족하면 칼이 무디어집니다. 말씀 전하는 자가 성령 충만할 때 그 말씀이 마치 좌우에 날선 검처럼 우리의 영혼 깊은 곳을 파고들어, 하나님 앞에서 우리의 죄 된 모습을 발견하고 회개케 합니다. 이러한 하나님의 말씀이 역사할 때 귀신들은 다음 **네 가지** 반응을 보입니다.

첫째로, 귀신은 말씀을 듣지 못하도록 귀를 막습니다.

귀신들린 사람이 말씀을 통해서 자기 자신을 발견하면 큰 역사가 일어날 수 있기 때문입니다. 사단은 우리 귀를 막아서 말씀을 듣지 못하게 합니다. 복음의 광채가 우리를 비추지 못하게 합니다. 말씀의 빛을 쪼이게 되면 귀신은 숨을 곳이 없습니다. 그 정체가 폭로되는 것입니다. 마치 범인이 경찰이 나타나면 안절부절하는 것처럼, 귀신은 하나님의 말씀 앞에서 가만 있지 못합니다. 본문에서 귀신은 소리를 지르면서 발작하기 시작합니다(23절).

둘째로, 귀신은 그리스도와 관계 맺기를 거부합니다.

"나사렛 예수여 우리가 당신과 무슨 상관이 있나이까"(24절). 귀신은 인격을 소유한 존재입니다. 귀신도 사람과 마찬가지로 지성, 감정, 의지를 가지고 있습니다. 귀신들은 예수 그리스도가 어떤 분인지 알며(막 3:11 참조), 무저갱으로 들어가는 것을 무서워하고(눅 8:31 참조), 자신들을 위한 의사 결정을 하기도(눅 8:32 참조) 합니다.

이러한 귀신들은 절대로 그리스도와 상관하기를 원하지 않습니다. 본문에는 "더러운 귀신들린 자"(23, 26절)라는 표현이 나옵니다. 귀신은 더러운 영(靈)입니다. 반대로 주님은 아주 거룩한 영입니다. 그러므로 둘이 함께 있을 수 없습니다. 더러운 영의

지배를 받는 사람은 죄짓기를 즐깁니다. 히브리서 11장 25절에 보면 "(모세는) 하나님의 백성과 함께 고난받기를 잠시 죄악의 낙을 누리는 것보다 더 좋아했다"고 하였습니다. "죄악의 낙"이라는 표현이 바로 죄가 가진 쾌락성을 지적합니다. 죄를 즐기는 삶에 거룩한 주님이 개입하시면 그 즐거움을 빼앗길까봐 싫어하는 것입니다.

귀신이 제일 싫어하는 것은 거룩하신 주님입니다. 또한 귀신은 성령이 역사하는 곳을 제일 싫어합니다. 그분과 어떤 관계도 맺기를 원하지 않습니다. 그러므로 당신은 단지 교회에 나오지만 말고 진실로 그리스도를 당신의 구주로 영접하십시오. 예수께서는 우리와 친밀한 관계를 맺고 각 개인의 구세주가 되기 위해 이 땅에 오셨습니다.
"참빛 곧 세상에 와서 각 사람에게 비취는 빛이 있었나니"(요 1:9).
그분은 당신의 빛이 되기 원하십니다. 교회에 나가지만 주님과의 생명적 관계를 맺지 않은 사람은 귀신들렸거나 귀신의 영향권 아래 있는 자일 수 있음을 알아야 합니다.

셋째로, 귀신은 그리스도를 두려워합니다.
귀신은 예수께서 내리실 심판 앞에서 벌벌 떱니다. 귀신들린 사람도 마찬가지입니다. 24절에 보면 "우리를 멸하러 왔나이까"라고 묻고 있습니다. 귀신은 예수님의 심판으로 자기가 멸망당할 운명인 것을 이미 알고 있습니다. 요한계시록 20장 10절에 보면 마귀가 가게 될 지옥의 모습이 그려져 있습니다.
"또 저희를 미혹하는 마귀가 불과 유황 못에 던지우니 거기는 그 짐승과 거짓 선지자도 있어 세세토록 밤낮 괴로움을 받으리라."
마귀는 지옥에 가기 전에 무저갱에 갇히게 됩니다. 누가복음

8장 31절에 보면 귀신이 무저갱에 들어가지 않게 해 달라고 간청하는 장면이 나옵니다. 귀신은 심판자이신 예수 그리스도를 알고 있고, 그분의 심판을 피할 수 없음도 알고 있습니다.

귀신은 최후의 심판 때 무저갱에 가고 지옥에 가는 것을 두려워할 뿐 아니라 이 세상에 있을 때 자기들의 거처를 잃어버리는 것을 두려워합니다. 귀신들은 영적 존재들이기 때문에 그 영이 역사하기 위해서는 육신을 필요로 합니다. 그래서 거할 곳을 찾습니다. 저도 실제로 귀신들린 사람을 만나 보았습니다. "네 이름이 무엇이냐?"고 묻자 "아발론"이라고 했습니다. "언제 들어갔느냐" 하니까 "예배 시간에 조는 사이에 들어왔다"고 대답했습니다(물론 이 귀신의 말을 진리로 수용할 수는 없습니다).
예수께서 권세 있는 말씀을 전할 때 두렵게 된 마귀는 자기가 거할 편안한 곳을 찾습니다. 무저갱에 들어갈 수는 없으니까 마침 지나가는 돼지떼에게 들어가게 해 달라고 간청합니다. "귀신들이 예수께 간구하여 가로되 만일 우리를 쫓아내실진대 돼지떼에 들여 보내소서 한대"(마 8:31).

제가 시골에서 전도사 생활을 하고 있을 때 귀신들린 사람을 앞에 놓고 기도하니까, 귀신이 "나가겠습니다, 나가겠습니다" 하였습니다. 『지금 나가!』 하자, "어디로 가, 어디로…" 하고 소리쳤습니다. 성경의 돼지떼가 언뜻 생각났는데 돼지떼가 없었습니다. 그 옆에 닭이 있어서, 『닭한테로 가!』라고 명령했습니다. 얼마 후에 보니 닭이 퍼득거리다가 죽어 버렸습니다. 전도사 시절에 겪은 그 경험은 성경 말씀이 살아 있음을 강력하게 믿을 수 있게 만든 사건이었습니다. 귀신들은 자기가 거할 곳을 찾습니다.

귀신은 주님을 영접하여 성령 충만해진 사람을 싫어합니다.

그것은 귀신이 들어갈 수 없는 사람이기 때문입니다. 귀신은 그리스도가 없는 마음, 그리스도로 충만하지 못한 사람들을 우습게 봅니다. 그러나 그리스도로 충만한 사람은 언제나 두려워합니다. 그 이유는 그리스도를 두려워하기 때문입니다.

넷째로, 귀신은 행동이 없는 영적 지식을 소유하고 있습니다.
귀신의 지식은 삶 속에 적용할 목적으로 갖고 있는 지식이 아닙니다. 본문에 보면 귀신은 예수님에 대해서 알고 있었습니다.
"나는 당신이 누구인 줄 아노니 당신은 하나님의 거룩한 자니이다"(24절).
귀신은 예수님의 신성(神性)과 그분이 누구신가를 정확하게 알고 있습니다.
"네가 하나님은 한 분이신 줄을 믿느냐 잘하는도다 귀신들도 믿고 떠느니라"(약 2:19).
여기에서 믿는다는 것은 그냥 알기만 한다는 것입니다. "예수는 하나님의 아들이다"라고 말하지만 그것이 자신을 변화시킬 만한 지식은 아닙니다. 자기의 삶 속에 적용할 의도가 없는 지식입니다.
　제가 언제나 강조하는 것이지만 성경 공부 하는 사람들이 주의해야 할 점은 지식만을 추구하는 데서 오는 위험성입니다. 말씀을 삶에 적용할 의도가 없는 영적 지식은 귀신의 길을 추구하는 것입니다. 귀신은 행동이 없는 영적 지식만을 소유하고 있습니다.

귀신 추방

어떻게 귀신들린 사람들이 그리스도를 통해서 자유로운 삶을 살고 승리를 소유할 수 있겠습니까? 본문에는 특별히 **두 가지 요소**가 강조되어 있습니다.

첫째로, 말씀을 알아야 합니다.

귀신이 자신을 폭로한 계기는 예수께서 말씀을 권세 있게 전하셨을 때입니다. 하나님의 말씀이 정말 권세 있게 전파될 때 귀신들이 벌벌 떱니다. 우리는 권세 있는 말씀으로 무장해야 합니다.

둘째로, 악령 추방의 권세를 사용할 줄 알아야 합니다.

예수께서 귀신을 쫓아내실 때 명령했습니다. 사단과 같은 악령들과는 타협할 필요도 없고 수작할 필요도 없습니다. 명령을 해야 합니다. 예수께서 귀신을 꾸짖으며 나오라고 명령하셨습니다.

많은 사람들이 귀신들린 사람을 대할 때 불필요한 대화를 하는 것을 볼 수 있습니다. 그러나 이 상황에서 필요한 것은 대화가 아닌 명령입니다. 우리가 이렇게 할 수 있는 근거가 무엇입니까? 예수께만 이러한 명령을 할 수 있는 권위가 있습니다. 그분은 하늘과 땅의 모든 권세를 가지신 분입니다. 악령들을 제어할 수 있는 권위가 있으므로 악령들을 향해서 "나오라"고 명하십니다. 우리는 "하늘과 땅의 모든 권세를 내게 주셨으니 그러므로 너희는 가서 …"(마 28:18, 19)라는 말씀에 의지하여 복음을 전할 때, 귀신들린 사람들을 만나면 우리도 예수께서 우리에게 주신 권위를 사용할 수 있습니다.

저는 교회에서 전도 훈련과 함께 악령들린 사람을 다루는 훈련을 해야 한다고 생각합니다. 미국 시카고의 트리니티 신학교에는 「Power Encounter」라는 과목이 있습니다. "악령과의 능력 대결, 영력 대결"이라는 과목입니다. 제일 인기 있는 과목인지라 서둘러 학과 신청을 하지 않으면 공부하기 힘든 과목입니다. 그만큼 사단의 역사가 오늘날 심각한 문제가 되고 있습니다.

마태복음 10장 1절 말씀을 보십시오.

"예수께서 그 열두 제자를 부르사 더러운 귀신을 쫓아내며 모든 병과 모든 약한 것을 고치는 권능을 주시니라."

예수께서 제자들을 파송하시면서 권능을 주셨습니다. 물론 병을 고친다든지 귀신을 쫓아내는 것이 우리의 목적이 아닙니다. 그것은 우리가 복음을 전하는 도중에 만나는 사람들의 병 고침을 위해서 기도하고 귀신들린 사람의 치유를 위해서 기도할 때 하나님께서 이런 문제를 해결할 수 있는 권능을 허락하신다는 뜻입니다. 우리의 사명은 사람들의 영혼을 구원하는 것입니다. 예수께서 제자들에게 "귀신들이 너희에게 항복하는 것으로 기뻐하지 말고 너희 이름이 하늘에 기록된 것으로 기뻐하라"(눅 10:20)고 하신 말씀을 명심하십시오.

당신은, 예수께서 우리가 복음을 전하며 만나는 사람들의 문제를 해결하고 도울 수 있도록 권능을 주셨다는 사실을 믿으십니까? 우리는 말씀으로 무장해야 하고, 하늘과 땅의 권세를 주신 예수께서 우리에게 이런 악령들을 다룰 수 있는 권세를 주셨다는 것을 믿어야 합니다. 우리는 이 권세에 근거하여 귀신에게 명령할 수 있습니다. 하나님이 주신 권세에 근거하여 믿음으로 명할 때 악령들이 당신에게 순종하는 놀라운 모습을 보게 될 것입니다. 당신을 통해서 귀신들린 자가 자유케 되는 역사가 나타나기를 바랍니다.

15

고침받은 시몬의 장모

마가복음 1장 29—31절

"회당에서 나와 곧 야고보와 요한과 함께 시몬과 안드레의 집에 들어가시니 시몬의 장모가 열병으로 누웠는지라 사람들이 곧 그의 일로 예수께 여짜온대 나아가사 그 손을 잡아 일으키시니 열병이 떠나고 여자가 저희에게 수종드니라."

그리스도인들의 신앙 생활이 지나치게 교회 건물을 중심으로 하여 이루어질 수 있습니다. 교회에 와서는 열심히 찬양하고 봉사하고 섬기는 일에 충성하지만 대부분의 시간을 보내야 하는 가정이나 직장에서는 신앙인의 삶이 드러나지 않는다는 말입니다. 그러나 사실 우리는 교회에서뿐만 아니라 세상과 어울려 사는 평상시의 삶에서 오히려 더 큰 하나님의 은혜와 성령님의 감동을 체험하고 말씀 묵상과 기도 생활에 전념해야 합니다.

복음서의 기록을 살펴보면 예수께서 기적을 많이 행하신 장소가 두 군데 나옵니다. 하나는 회당이고 하나는 집안이었습니다. 저는 이것을 예수님의 회당 사역과 가정 사역이라고 부르려 합니다. 본장에서는 예수께서 회당에서와 마찬가지로 가정에서도 기적을 베푸시고 복음을 전하는 일을 하셨음에 주목하려 합니다.

예수께서 회당에서 귀신들린 자를 고치고 권능을 나타내신 뒤 사랑하는 제자 시몬과 안드레의 집으로 들어가셨습니다(29절). 예수께서는 시몬의 집에서도 병자를 치유하셨습니다. **우리는 많은 경우 교회에서 벅찬 감동의 예배를 드리고 그것으로 하나님과의 만남을 끝맺는 경우가 많습니다. 그러나 주님은 늘 우리와 함께하시며 언제 어디서나 능력을 베푸시고 평안을 공급하십니다. 특별히 가정에서 그와 같이 역사하기를 바라십니다.** 그러면 가정에서의 사역이 이루어지기 위해 필요한 것이 무엇인지를 본문 말씀을 통해 알아보겠습니다.

그리스도의 사랑

예수께서 기적을 베푸신 이 날은 안식일이었습니다. 예수께서는 안식일에 회당에서 귀신들린 자를 고치셨습니다. 그리고 시몬의 집으로 가셨습니다. 아마 지친 몸을 쉬러 가셨을 것입니다. 예수님의 사역은 사단과의 영적인 싸움이 대부분이었기 때문에 체력소모가 이만 저만이 아니었으리라는 점을 쉽게 예상할 수 있습니다.

그런데 시몬의 집에 들어가자 또다른 문제가 주님을 기다리고 있었습니다. 시몬의 장모가 열병으로 누워 있는 것이었습니다. 회당에서 귀신 쫓는 일로 지치신 예수께서는 이 일을 뒤로 미루고 싶었을 것입니다. 그러나 본문을 보면 예수께는 그런 기색이 전혀 없었습니다. 그분은 "나아가사 그 손을 잡아 일으키셨습니다"(31절). 지체하지 않고 열병을 치유하셨습니다.

예수께서는 자신을 필요로 하는 사람의 요구를 거절하지 않으셨습니다. 오히려 그 사역을 기쁘게 감당하셨습니다. 그분은 자신의 피곤하고 지친 상태보다도 도움을 바라는 사람들의 상태를 더 염려하며 자신을 희생하셨습니다.

저는 이것이 주님의 대속(代贖) 사역이라고 생각합니다. 그분은 십자가에서 우리의 죄를 담당하시고 우리의 허물을 덮으시고 죄 값을 대신 지불하셨습니다. 주님의 대속 사역은 십자가에만 나타나는 것이 아닙니다. 주님의 사역은 다른 사람의 짐을 지는 사역이라고 말할 수 있습니다. 시편 기자는 하나님을 "날마다 우리 짐을 지시는 주"(68:19)라고 표현했습니다.

"사역"은 목사에게만 주어진 일이 아닙니다. 그리스도인에게는 각 사람이 감당해야 할 주어진 사역이 있습니다. 사역한다는 것은 서로의 짐을 나누어 진다는 뜻입니다. 다른 사람의 짐을 지는 일입니다. 그런데 다른 사람의 짐을 지는 사역은 자기 희생 없이는 할 수 없는 일입니다. 사랑 없이는 할 수 없는 일입니다.

피곤에 지쳐 있던 예수께서 시몬의 장모를 즉시 고쳐 주신 사건은 그리스도의 희생과 사랑을 동시에 보여 준 기적입니다. 사역은 하나님의 백성들의 희생과 사랑을 요구한다는 사실을 명심하십시오.

중보(仲保) 기도

30절 말씀을 보십시오.
"사람들이 곧 그의 일로 예수께 여짜온대."
제자들이 예수께 이렇게 말했을 것입니다.
"예수님, 시몬의 장모가 누워 있습니다. 피곤하시겠지만 도와주셔야겠습니다."
우리도 고통당하고 있는 이웃의 어려움을 주께 아뢸 수 있습니다. 중보 기도를 할 수 있습니다. 당신은 얼마나 이웃을 위해 중보 기도 하고 있는지 점검해 보십시오.
　저는 시몬의 장모가 병 고침을 받기 전에는 그리스도인이 아니었을 가능성이 높다고 생각합니다. "여자가 저희에게 수종드는"(31절) 때부터 시몬의 장모가 그리스도인이 되었음을 가정하여 생각해 볼 수 있기 때문입니다. 시몬의 장모는 열병 앓는 사실을 주께 아뢰었던 제자들 덕분에 신자가 되었다고 할 수 있습니다.

　불신자들 주변에 신자들이 존재한다는 사실은 불신자들에게 큰 축복입니다. **사실 하나님께서 그리스도인들을 부르신 가장 중요한 이유는 그리스도인들이 이웃에게 축복이 되는 존재가 되게 하기 위해서입니다.** 하나님께서 아브라함에게 "복의 근원이 되라"(창 12:2)고 하신 말씀이 바로 그 뜻입니다. 우리는 하나님께서 그리스도인들 때문에 그 주변까지 복 주시는 경우를 허다하게 목격합니다. 그 보기들을 네 **가지**만 찾아봅시다.

첫째 / 야곱

창세기 30장 27절 말씀을 보십시오.

"라반이 그에게 이르되 여호와께서 너로 인하여 내게 복 주신 줄을 내가 깨달았노니 네가 나를 사랑스럽게 여기거든 유하라."

이 말씀은 라반이 고향으로 돌아가려는 야곱을 만류하면서 했던 말입니다. 그는 야곱 때문에 하나님의 복을 받았다고 고백합니다.

우리는 대부분 우리의 존재를 과소평가합니다. 그러나 하나님께서 "내가 너를 복의 근원이 되게 하겠다"라고 말씀하신 이상, 우리 가정과 직장과 이 사회와 국가는 우리 그리스도인의 존재만으로 하나님의 크신 복을 누릴 수 있습니다. 그만큼 우리 그리스도인들은 귀한 존재임을 잊지 맙시다.

둘째 / 요셉

창세기 39장 5절 말씀을 보십시오.

"그가 요셉에게 자기 집과 그 모든 소유물을 주관하게 한 때부터 여호와께서 요셉을 위하여 그 애굽 사람의 집에 복을 내리시므로 여호와의 복이 그의 집과 밭에 있는 모든 소유에 미친지라."

요셉은 보디발의 종에 불과했습니다. 그러나 하나님은 요셉을 사랑하셨기 때문에 그가 섬기고 있는 보디발에게 복을 내리셨습니다. 당신이 일하고 있는 직장도 당신 덕분에 하나님께서 주시는 은혜를 받을 것입니다.

셋째 / 바울

사도행전 27장에는 배가 광풍을 만나 파선 지경까지 가는 기록이 나옵니다. 그런데 바울 한 사람 때문에 276명이 구출됩니다. 하나님께서 바울을 보시고 그 배의 승객 전원을 구해 내셨습니다.

넷째 / 네 명의 친구

중풍병자를 네 명의 친구가 예수께 데리고 나아왔습니다(막 2: 1-5 참조). 우리에게는 이웃의 문제를 해결할 수 있는 능력이 없습니다. 우리가 할 수 있는 일은 그 문제를 해결할 수 있는 분께 데리고 가는 것입니다. 이웃의 문제를 주께 대신 아뢰는 것입니다. 이것이 바로 중보 사역입니다.

중보 사역의 보기는 수없이 많이 들 수 있지만 이 정도에서 그만하겠습니다. 이웃의 문제를 해결할 수 있는 열쇠를 당신이 쥐고 있습니다. 주님을 알지 못하는 이웃에게 예수 그리스도를 소개하고 또 주님께 이웃의 고통을 아뢰십시오.

사역의 결과

시몬의 장모가 고침을 받을 수 있었던 것은 그리스도의 사랑과 제자들의 중보 사역 덕분이었습니다. 치유받은 결과가 어떠한지 마가복음 1장 31절 말씀을 보십시오.

"나아가사 그 손을 잡아 일으키시니 열병이 떠나고 여자가 저희에게 수종드니라."

시몬의 장모는 건강을 회복하자 즉시 주님의 수종을 들었다고 했습니다. **하나님의 사랑으로 병 고침을 받은 여인은 이제 하나님을 섬기고 다른 성도들을 섬기는 삶을 시작하였습니다.** 변화된 삶의 모습이 얼마나 아름다운지 모릅니다.

그렇다면 그리스도인 된 당신은 얼마나 섬기는 자의 삶을 살고 있습니까?

16

악령의 사람, 성령의 사람

마가복음 5장 1─20절

"예수께서 바다 건너편 거라사인의 지방에 이르러 배에서 나오시매 곧 더러운 귀신들린 사람이 무덤 사이에서 나와 예수를 만나다 그 사람은 무덤 사이에 거처하는데 이제는 아무나 쇠사슬로도 맬 수 없게 되었으니 이는 여러 번 고랑과 쇠사슬에 매였어도 쇠사슬을 끊고 고랑을 깨뜨렸음이러라 그리하여 아무도 저를 제어할 힘이 없는지라 밤낮 무덤 사이에서나 산에서나 늘 소리 지르며 돌로 제 몸을 상하고 있었더라 그가 멀리서 예수를 보고 달려와 절하며 큰 소리로 부르짖어 가로되 지극히 높으신 하나님의 아들 예수여 나와 당신과 무슨 상관이 있나이까 원컨대 하나님 앞에 맹세하고 나를 괴롭게 마옵소서 하니 이는 예수께서 이미 저에게 이르시기를 더러운 귀신아 그 사람에게서 나오라 하셨음이라 이에 물으시되 네 이름이 무엇이냐 가로되 내 이름은 군대니 우리가 많음이니이다 하고 자기를 이 지방에서 내어 보내지 마시기를 간절히 구하더니 마침 거기 돼지의 큰 떼가 산 곁에서 먹고 있는지라 이에 간구하여 가로되 우리를 돼지에게로 보내어 들어가게 하소서 하니 허락하신대 더러운 귀신들이 나와서 돼지에게로 들어가니 거의 이천 마리 되는 떼가 바다를 향하여 비탈로 내리달아 바다에서 몰사하거늘 치던 자들이 도망하여 읍내와 촌에 고하니 사람들이 그 어떻게 된 것을 보러 와서 예수께 이르러 그 귀신들렸던 자 곧 군대 지폈던 자가 옷을 입고 정신이 온전하여 앉은 것을 보고 두려워하더라 이에 귀신들렸던 자의 당한 것과 돼지의 일을 본 자들이 저에게 고하매 저희가 예수께 그 지경에서 떠나시기를 간구하더라 예수께서 배에 오르실 때에 귀신들렸던 사람이 함께 있기를 간구하였으나 허락지 아니하시고 저에게 이르시되 집으로 돌아가 주께서 네게 어떻게 큰 일을 행하사 너를 불쌍히 여기신 것을 네 친속에게 고하라 하신대 그가 가서 예수께서 자기에게 어떻게 큰 일 행하신 것을 데가볼리에 전파하니 모든 사람이 기이히 여기더라."

 **본**문은 귀신들린 사람과 예수님을 섬기는 사람이 어떻게 다른가를 극적으로 보여 주는 말씀입니다. 귀신들렸던 사람이 주께로 돌아와 주님을 따르게 되었을 때, 그의 사람됨이 어떻게 변하였는가를 본문에서 살펴볼 수 있습니다.

악령의 특성

귀신들린 사람의 모습을 통해 악령의 특성을 네 가지로 살펴봅시다.

첫째로, 악령은 더럽습니다.

2절과 8절에 "더러운 귀신"이란 말이 나옵니다. 이 "더럽다"는 단어는 단순히 위생이나 청결 상태만을 의미하지는 않습니다. 본문에서는 "수치를 드러낼 수밖에 없는"이란 뜻으로 볼 수 있습니다. "우리를 부끄럽게 만들고 수치스럽게 하는 귀신"이라는 의미입니다. 동일한 사건을 다루고 있는 누가복음 기사는, 이 사람이 귀신에 사로잡혔을 때 "옷을 벗고 다녔다"고 언급합니다. "육지에 내리시매 그 도시 사람으로서 귀신들린 자 하나가 예수를 만나니 이 사람은 오래 옷을 입지 아니하며 집에 거하지도 아니하고 무덤 사이에 거하는 자라"(눅 8:27).

악령은, 인간이 가장 부끄러운 모습까지 노출하면서 살아가도록 만듭니다.

둘째로, 악령은 사람을 끊임없이 방황하게 합니다.

귀신들린 사람은 집을 떠나 있었습니다. 그는 일정한 주거지가 없었습니다. 그는 정처 없이 방황하고 있었습니다. 삶의 자리가 없었습니다.

성경에 나타난 악령의 사역을 연구해 보면, 악령은 언제나 자리를 이탈하게 하는 영(靈), 위치를 이탈하게 하는 영으로 묘사되어 있습니다. 본래 천사장이 타락하여 마귀가 되었습니다. 그는 자기가 있어야 할 자리를 거절하고 "지극히 높은 자와 비기리라"(사 14:14) 했을 때 마귀로 변했습니다. 마귀와 함께 타락한 천사들이 귀신들입니다. 마귀라는 단어는 성경에서 언제나 단수로 기록되어 있습니다. 마귀는 하나밖에 없습니다. 그러나 귀신들, 악령들은 언제나 복수로 표현됩니다.

한국의 어떤 목사님은 믿지 않는 사람이 죽으면 귀신이 된다고 가르칩니다. 그것은 한국의 기복 사상이나 샤머니즘에 영향을 받은 귀신론입니다. 성경에서는 불신자와 귀신의 정체를 일치시킨 사례가 한 번도 없습니다. 성경은 천사들과 귀신들의 존재를 함께 언급하는 경우가 많습니다.
"또 자기 지위를 지키지 아니하고 자기 처소를 떠난 천사들을 큰 날의 심판까지 영원한 결박으로 흑암에 가두셨으며"(유 6절).
하나님이 인간에게 허락하신 삶의 자리를 이탈하게 만드는 것, 이것이 악령의 중요한 역사입니다.

악령의 포로가 된 거라사인은 그가 있어야 할 삶의 자리를 이탈했습니다. 어디에서 어떻게 살아야 하는가에 대한 삶의 의식을 저버렸습니다. 정처 없이 방황했습니다. 정도의 차이는 있어도 우리가 삶의 목표를 상실하고 방황할 때, 그 배후에는 언제나 악령의 역사가 있다는 사실을 망각해서는 안 됩니다.

본문은 심각할 정도로 악령에게 사로잡힌 사람의 이야기를 다루고 있습니다. 불신자들이 다 악령의 포로는 아닙니다. 성경은 신자가 악령의 포로가 될 수 있다고 가르치지 않습니다. 신자들이 악령에게 영향을 받을 수는 있습니다. 구원받은 신자들도 악령의 공격 대상이 됩니다. 악령의 영향을 받을 수 있고 악령 때문에 상당한 괴롭힘을 받을 수도 있습니다. 그러나 신자가 악령의 포로가 되지는 않습니다. 불신자들도 모두 악령의 포로가 되는 것은 아닙니다. 그러나 불신자들은 악령의 영향력 아래 살고 있습니다. 악령은 불신자 중의 어떤 사람을 완전히 자기의 포로로 만들어 도구로 사용하며 그를 자기 마음대로 조종합니다.

당신은 이런 거라사인의 상태가 아니라고 해서 악령과 상관없다고 생각하면 그것은 착각입니다. 악령에 사로잡힌 정도까지는 아니더라도 마땅히 있어야 할 자리와 본분을 알지 못하고 방황할 때 그 배후에 악령의 역사가 있을 수 있다는 점을 경계해야 합니다.

셋째로, 악령은 사람을 파괴합니다.

악령은 자신의 포로가 된 사람들을 파괴합니다. 악령은 처음부터 누군가를 파괴한다고 말하지 않습니다. 오히려 그에게 영광을 주겠다고 약속합니다. 우리는 이것이 악령의 거짓말이라는 사실을 놓치지 말아야 합니다. 악령은 거짓말장이입니다. 예수님은 복음을 방해했던 어떤 유대인들을 향해서 “너희는 너희 아비 마귀에게서 났으니 너희 아비의 욕심을 너희도 행하고자 하느니라 저는 처음부터 살인한 자요 진리가 그 속에 없으므로 진리에 서지 못하고 거짓을 말할 때마다 제 것으로 말하나니 이는 저가 거짓말장이요 거짓의 아비가 되었음이니라”(요 8:44)고 말씀하셨습니다.

마귀는 거짓말의 아버지입니다. 우리에게 거짓말하게 하고 실수를 저지르게 하고 부정직하게 행동하도록 만드는 배후에는 악령의 역사가 도사리고 있습니다. 악령은 거짓말이라는 무기를 들고 우리에게 다가옵니다. 우리에게 하나님의 영광 못지않은 큰 영광을 약속합니다. 마치 예수께 찾아왔던 마귀가 "나에게 절하면 천하 만국의 모든 영광을 너에게 주겠다"(마 4:8,9 참조)고 장담한 것과 같습니다. 마귀는 아담에게도 "만약 이 선악을 알게 하는 나무의 열매를 먹으면 네가 하나님과 같이 되리라"(창 3:5 참조)고 합니다. 이와 같이 악령은 항상 우리를 높여 주겠다고 약속합니다.

그러나 일단 우리가 악령의 포로가 되면 악령이 우리를 높이는 것이 아니라 우리를 파괴합니다. 이것이 분명한 악령의 거짓말입니다. 우리는 본문에서 악령의 이런 본색을 찾아 볼 수 있습니다.
"밤낮 무덤 사이에서나 산에서나 늘 소리 지르며 돌로 제 몸을 상하고 있었더라"(5절).
악령이 인간을 파괴하고 있는 모습입니다. 정도의 차이는 있겠으나, 우리가 자신을 학대하며 깊은 연민에 빠지는 것도 악령의 역사임을 깨어 분별할 필요가 있습니다.

사무엘상 16장 14절 말씀은 "여호와의 부리신 악신이" 사울을 번뇌케 한다고 말하고 있습니다. 악령은 대단히 능한 일을 행할 수 있지만 하나님의 주권을 초월할 수는 없습니다. 악령은 여전히 하나님의 지배 아래 있습니다. 욥기에도 보면 귀신이 욥에게 많은 피해를 주었습니다. 그러나 욥을 괴롭히던 악령도 하나님의 허락 없이는 그렇게 하지 못했습니다. 악령은 절대로 하나님의 주권을 초월하지 못합니다.

여호와의 부리신 악신이 사울 왕을 번뇌케 했습니다. 사울 왕은 그때부터 사람이 변하기 시작했습니다. 이 현상이 극단으로 나아가면 자기를 파괴하고 학대하고 심지어 자살까지 하게 됩니다. 우리 자신을 학대하고 괴롭히는 배후에도 종종 악령의 역사가 존재합니다.

본문에 등장하는 귀신들린 사람은 무덤 사이에서 방황하며 자기 몸에 상처를 내고 있었습니다. 현대에도 이런 악령의 역사는 생생하게 살아 있습니다. 악령이 사람들을 괴롭히고 학대하는 모습을 삶의 현장을 통해 확인할 수 있습니다. 자기 파괴는 악령의 주된 역사입니다.

넷째로, **악령은 종교적입니다.**

"기독교는 종교다"라는 말은 틀린 말입니다. 성경은 기독교를 종교라는 차원에서 제시한 일이 없습니다. 종교를 영어로는 "religion"이라고 하는데 『렐레게레』(relegere)라는 라틴어에서 유래한 단어입니다. 그것은 본래 우리를 "구속한다", "묶어 버린다"는 뜻입니다. 일반적으로 종교를 갖는다는 것은 갖가지 금기 사항을 지켜야 하는 대단히 부자유한 굴레에 들어가는 일이라고 생각합니다. 종교는 우리를 구속합니다. 종교는 우리에게 굴레를 씌웁니다.

그러나 예수 그리스도의 복음은 우리를 구속하는 것이 아니라 언제나 자유케 합니다.
"진리를 알지니 진리가 너희를 자유케 하리라"(요 8:32).
그리스도인이 된다는 말은 자유인이 된다는 말입니다. 그리스도인이 되십시오. 단순한 종교인이 되지 마십시오. 그리스도 안에서, 성령 안에서 주님과 더불어 교제하며 살아가는 삶은 말할 수 없는 자유와 영광의 삶입니다. 이것은 단순히 어떤 종교를 선택하여 그 종교의 굴레와 예속에 묶여 산다는 것과 전혀 다른 차원의 삶입니다.

악령은 때때로 종교의 모습으로 우리를 찾아옵니다. 악령은 우리가 가진 신앙의 내용에 대해 상당한 지식을 소유하고 있습니다. 7절에 보면 악령은 예수님을 하나님의 아들이라고 고백하고 있습니다. 예수님의 신성(神性)을 고백하고 있습니다.

성경에는 악령이 성경을 인용하고 있는 장면이 많습니다. 악령이 성경을 인용하는 부분을 보면 보통 전체를 다 인용하지 않고 부분만 인용합니다. 이단이나 유사 종교의 특성 가운데 하나가 성경 말씀을 적당히 왜곡하는 것입니다. 문맥을 무시하고 마음대로 발췌해서 논리를 세웁니다. 부정확하게 성경을 인용하면 자칫 악령의 수제자가 될 가능성이 있습니다.

그러나 마귀가 가지고 있는 예수님에 대한 지식은 그리스도를 구주로 믿는다거나, 주님을 사랑한다거나, 섬긴다거나 하는 차원의 믿음의 지식이 아닙니다. 하나님과 상관없는 종교 지식입니다. 그가 외친 말은 그의 정체를 잘 보여 줍니다.
"나와 당신과 무슨 상관이 있나이까"(7절).
하나님과 상관없는 종교 지식, 정말 주님을 섬길 의도 없이 단순한 지식만을 취할 때 그 배후에 악령의 역사가 있을 수 있습니다. 당신은 어떤 마음으로 성경 공부 하고 예배드리는지 이 시간 곰곰이 생각해 보십시오.

악령은 더러운 영입니다. 우리를 부끄럽게 하는 영입니다. 또 방황하는 영이고 인간을 파괴하는 영입니다. 게다가 하나님과 상관없는 종교 지식만을 취하도록 인도하는 영입니다. 예수께서 악령에게 "네 이름이 무엇이냐"고 물으셨을 때 악령은 "군대"라고 했습니다. 원문에서는 『레기온』이라는 단어가 사용되었는데 이것은 본래 삼천 명 내지 육천 명으로 편성되어 있는 군대를 가리키는 말입니다.

악령은 숫자가 굉장히 많습니다. 별별 귀신이 다 있습니다. 제가 귀신이라는 단어를 피하는 이유는 한국의 미신에 뿌리 박고 있는 귀신을 연상하게 되기 때문입니다. 성경의 의미에 충실하기 위해서는 "귀신"보다 "악령"이 더 좋다고 생각합니다. 육천 명쯤 되는 악령이 한 사람을 포로로 하여 그를 다스립니다. 그렇기 때문에 이 사람이 이런 심각하고 극단에 다다른 상태에서 자기 몸을 상하게 하며 파괴하고 있는 것입니다.

성령의 특성

귀신들려 고통당하는 사람 앞에 하나님의 아들이신 우리 주님이 나타납니다. 주님은 이 사람에게 역사하시어 그를 변화되게 하십니다. 당신은 본문 말씀을 연구하면서 악령의 사람과 성령의 사람 사이에 얼마나 큰 차이가 있는가, 우리가 그리스도의 제자가 되고 그리스도의 증인이 되었다는 사실이 얼마나 복된 삶인가를 확인하게 될 것입니다. 악령이 나가고 성령이 거하게 된 이 사람의 모습에서 악령과 대조되는 성령의 특성 네 가지를 살펴봅시다.

첫째로, 성령은 깨끗케 하고 거룩하게 합니다.

"예수께 이르러 그 귀신들렸던 자 곧 군대 지폈던 자가 옷을 입고 정신이 혼미하여 앉은 것을 보고 두려워하더라"(15절).
귀신들이 나가자마자 이 사람은 옷을 입고 정신이 온전하여졌습니다. 악령이 이 사람을 부끄럽게 만들고 더럽혔으나 주께서 역사하시어 거룩하게 하고 깨끗하게 하셨습니다.

둘째로, 성령은 사람을 안정시킵니다.

성령은 방황을 중단시키고 있어야 할 자리에 있게 하십니다. 귀신들렸던 자가 정신이 온전하여 앉은 모습을 보십시오. 전에는 무덤 사이에서 방황하고 있던 그였습니다. 그는 비로소 자기의 삶의 자리를 찾았습니다.

셋째로, 성령은 사람을 세워 갑니다.

자기를 파괴하던 사람이 이제 자기를 건설하고 있습니다. 이 사람은 주님을 만났을 때 진정한 의미의 자신을 발견했습니다. 온전한 인격 회복이 주님을 만남으로써 이루어졌습니다.

넷째로, 성령은 참된 삶을 살게 합니다.

"예수께서 배에 오르실 때에 귀신들렸던 사람이 함께 있기를 간구하였으나"(18절).

예수님을 만나 온전하게 된 이 사람은 주님과 함께 있기를 간구하였습니다. 주님을 따라가기를 원합니다. 그는 단순히 어떤 종교 지식을 갖추려는 것이 아닙니다. 주님과 함께 있는 삶, 주님을 따르는 삶을 열망합니다.

성령은 거룩하게 하는 영입니다. 그분은 우리를 깨끗하게 하십니다. 우리의 방황하는 발걸음을 중단시키고 있어야 할 삶의 자리에 있게 하십니다. 그리고 하나님께서 허락하신 삶의 자리에서 성실히 살도록 힘을 공급하십니다. 우리의 인격을 회복시키고 진정한 삶을 건설하게 합니다. 그는 이제 주님과 함께 있는 삶을 열망합니다. 악령에 사로잡혔을 때와 정반대의 삶을 삽니다. 악령과 주님은 절대로 공존할 수 없습니다.

그런데 예수께서 귀신을 쫓아내고 사람을 변화시키실 때, 동네 사람들이 어떤 반응을 보였는가를 주목해서 보십시오.

"저희가 예수께 그 지경에서 떠나시기를 간구하더라"(17절).

예수께서 기적을 베푸실 때, 우리 같으면 이 놀라운 기적을 일으킨 분을 시장(市長)으로 모시고 살기 좋은 지역을 만들고자 할 것입니다. 그런데 참 이상하게도 동네 사람들은 예수께 떠나라고 합니다. 더 이상 그 마을에 머물지 말라고 합니다. 왜냐하면 그들은 주님의 위대하신 권능을 보았기 때문입니다. 귀신이 쫓겨났을 때 돼지 2천 마리가 바다에서 몰사하는 사태가 일어났습니다. 동네 사람들은 "예수가 이 마을에 계속 있다가는 돼지가 남아나지 않겠구나"라고 생각했습니다. 돼지에 대한 집착 때문에 사람을 새롭게 하고 인간을 구원하는 주님을 거절했습니다.

당신은 세상에서 얻는 아주 사소한 유익 때문에 주님을 거절하고 있지는 않은지 생각해 보십시오. 세상 물질에 대한 욕심 때문에 성령의 역사를 차단하고 있지는 않습니까? 본문에서와 같이 주님의 은혜를 누릴 기회를 상실하는 어리석음을 오늘날 우리도 자행하고 있음을 볼 때, 참으로 안타깝기 그지 없습니다.

변화된 삶

새롭게 된 사람을 향한 주님의 마지막 명령에 주목하십시오. 귀신들렸던 사람이 해야 할 중요한 일은 19절 말씀에 기록되어 있습니다.
"허락지 아니하시고 저에게 이르시되 집으로 돌아가 주께서 네게 어떻게 큰 일을 행하사 너를 불쌍히 여기신 것을 네 친속에게 고하라 하신대."
이 사람에게 주어진 명령은 "주께서 나에게 어떻게 큰 일을 행하셨는가를 사람들에게 알리는 것"입니다. 예수님을 구주로 영접했을 때 주께서 나에게 어떻게 큰 일을 행하셨는가, 내가 예수 그리스도와 만나면서 내 삶에 어떤 변화가 일어났는가를 이웃에게 알리는 것이 바로 전도이고 간증입니다.

주님이 당신에게 찾아오신 일이 감사하게 여겨집니까? 하나님의 영광이 임하셔서 당신 삶이 변화된 사실이 사무치도록 감격스럽습니까? 그렇다면 주님이 당신에게 행하신 이 놀랍고 큰 일을 사랑하는 가족들과 이웃에게 전하십시오. 이것이 그리스도인의 신앙 생활의 시작입니다.

대개 전도에 대해 오해하고 있는 사항은 전도는 신앙이 성숙하면 할 수 있다는 생각입니다. 전도는 신앙이 성숙한 사람만 하는 것이 절대로 아닙니다. 전도는 모든 그리스도인들이 실천해야 할 가장 중요한 과제입니다. 사마리아 여인은 예수께서 그리스도라는 사실을 깨닫자마자 물동이를 버려 두고 동네에 들어가서 외쳤습니다.

"나의 행한 모든 일을 내게 말한 사람을 와 보라 이는 그리스도가 아니냐"(요 4:29).

사마리아 여인은 예수님을 만난 직후부터 전도를 시작했습니다.

사도행전에 기록된 전도자들은 전도 훈련을 받지 않고 복음을 전했습니다. 반드시 훈련을 받아야 전도할 수 있다는 생각은 틀린 생각입니다. 훈련받으면 더 잘합니다. 그러나 훈련 없이도 전도할 수 있습니다. 예수 그리스도를 만난 체험과 감격만 있으면 됩니다. 만나는 사람들에게 내가 만난 그리스도와 그분의 역사하심을 전할 때 나의 신앙은 활력을 얻습니다. 전도하지 않으면 신앙 생활이 죽어 버립니다. 기도 많이 하고 성경 잘 알고 생활이 다른 사람들에게 모범이 될 때 전도할 수 있으리라는 착각에서 벗어나십시오. 부족한 모습 그대로, 현재 상태에서 주님을 증거할 수 있습니다.

물론 아직 당신에게 부족한 점이 많지만 일단 전도하기 시작하면 신앙이 더 성장합니다. 전도할 사람 위해 기도하게 되고, 말씀을 알지 못하고는 전도할 수 없으므로 성경을 읽게 됩니다. 또 전도한 사람에게 본이 되어야 하므로 생활이 변화됩니다. 성숙한 신앙인이 된 연후에 전도할 수 있는 것이 아니라 전도하면 신앙 성장이 이루어집니다. 당신의 신앙이 활력소를 상실하고 영적인 침체에 빠졌다면 이웃에게 복음을 들고 찾아가십시오. 새 힘을 얻을 것입니다. 구원의 감격과 기쁨을 회복할 것입니다.

전도 사역은 그리스도인이면 누구에게나 주어지는 의무이자 책임입니다. 우리의 구세주이신 그리스도 예수를 전하는 일이 주님의 제자 된 삶의 기본입니다. 우리 주변에 악령의 포로가 되어 끔찍한 삶을 살고 있는 이웃들이 얼마나 많이 있습니까? 그들에게 자유의 복음, 해방의 복음을 전하십시오. 쇠사슬을 끊어 버리고 자유케 하는 이 놀라운 복음을 받아들이게 하십시오.

17
달리다굼

마가복음 5장 21—24절

"예수께서 배를 타시고 다시 저편으로 건너가시매 큰 무리가 그에 게로 모이거늘 이에 바닷가에 계시더니 회당장 중 하나인 야이로라 하는 이가 와서 예수를 보고 발 아래 엎드리어 많이 간구하여 가로 되 내 어린 딸이 죽게 되었사오니 오셔서 그 위에 손을 얹으사 그로 구원을 얻어 살게 하소서 하거늘 이에 그와 함께 가실새 큰 무리가 따라가며 에워싸 밀더라."

마가복음 5장 35—43절

"아직 말씀하실 때에 회당장의 집에서 사람들이 와서 가로되 당신의 딸이 죽었나이다 어찌하여 선생을 더 괴롭게 하나이까 예수께서 그 하는 말을 곁에서 들으시고 회당장에게 이르시되 두려워 말고 믿기만 하라 하시고 베드로와 야고보와 야고보의 형제 요한 외에 아무도 따라옴을 허치 아니하시고 회당장의 집에 함께 가사 훤화함과 사람들의 울며 심히 통곡함을 보시고 들어가서 저희에게 이르시되 너희가 어찌하여 훤화하며 우느냐 이 아이가 죽은 것이 아니라 잔다 하시니 저희가 비웃더라 예수께서 저희를 다 내어보내신 후에 아이의 부모와 또 자기와 함께한 자들을 데리시고 아이 있는 곳에 들어가사 그 아이의 손을 잡고 가라사대 달리다굼 하시니 번역하면 곧 소녀야 내가 네게 말하노니 일어나라 하심이라 소녀가 곧 일어나서 걸으니 나이 열두 살이라 사람들이 곧 크게 놀라고 놀라거늘 예수께서 이 일을 아무도 알지 못하게 하라고 저희를 많이 경계하시고 이에 소녀에게 먹을 것을 주라 하시니라."

 **본**문은 죽은 자를 다시 살리신 부활의 기적 가운데 하나입니다. 복음서에서는 죽은 자를 다시 살리는 부활의 기적이 세 번 나옵니다. 나사로와 나인 성 과부의 아들과 야이로의 딸이 그 주인공들입니다.

우리는 본문을 여러 가지 관점에서 볼 수 있는데, 특별히 야이로에게 초점을 맞추어 그에게 준 교훈을 우리 삶에 적용해 보겠습니다.

야이로에게 준 교훈

기적은 야이로가 예수께 와서 딸을 구해 달라고 요청하면서부터 시작됩니다. 예수께서 기적을 행하시면서 그에게 교훈을 주십니다. 야이로의 딸을 살리는 기적에는 야이로를 위한 교훈과 더불어 우리에게도 깨닫게 하시는 진리가 있음을 알고 다음 **세 가지 측면**으로 본문을 살펴보겠습니다.

첫째로, 야이로가 예수님과 관계를 맺은 것은 딸의 문제 때문입니다.
야이로는 "열두 살 먹은 외딸"(눅 8:42)이 아프지 않았다면 결코 주님 앞에 나오지 않았을 사람인지도 모릅니다. 우리 가운데에도 어떤 불행이나 어려움이 없었다면 절대로 예수를 믿지 않았을 사람들이 있을 것입니다.

야이로는 회당장이었습니다. 이스라엘 백성들이 포로 기간 중에 흩어져 있을 때, 성전이 없는 곳에서 성전을 대신하여 하나님께 예배드리고 신앙 교육을 받기 위하여 모이던 곳이 회당입니다. 하나님을 예배하고 하나님을 향한 신앙심을 북돋우는 것이 회당에서 해야 할 가장 중요한 역할이지만, 이 회당은 사회 생활과 교육도 지도했습니다. 나라를 빼앗기고 사방으로 흩어진 이스라엘 민족에게 민족 교육을 시키기 위한 장소로 사용되었던 것입니다. 포로 생활이 끝난 뒤에도 회당은 여전히 교육을 담당하는 곳으로 남았습니다. 뿐만 아니라 회당은 정치 문화의 중심 역할을 하기도 했습니다.

회당에는 여덟 명의 장로가 지도부에 있는데, 장로들을 대표하는 사람이 회당장입니다. 유대교에 철저히 헌신한 사람이 아니고는 절대로 회당장이 될 수 없습니다. 그런데 그 회당장이 예수님을 찾아왔습니다. 이는 당시의 사회 분위기나 역사를 살펴볼 때 거의 불가능한 일입니다. 그때 예수님은 사역을 시작한 지 얼마되지 않았던 때이고 정통 랍비 출신도 아니었습니다. 단지 목수의 아들이었을 뿐입니다. 그런 상황에서 야이로가 예수님을 찾아와 그분 발 아래 엎드렸다는 것은 보통 일이 아닙니다. 야이로에게 그 일은 대단히 중요한 결단이었음을 인식해야 합니다.

22절 말씀을 보십시오.
"회당장 중 하나인 야이로라 하는 이가 와서 예수를 보고 발 아래 엎드리어."
얼마나 절박한 상황이면 그렇게 했겠습니까? 동료들이 예수님을 찾아간 야이로를 크게 비웃을 수도 있는 사건이었습니다. 그러나 야이로는 주변 사람들이 자신을 어떻게 평가하느냐보다도 어떻게 해서든 외딸을 살려야 한다는 생각에 다른 데 신경 쓸 겨를이 없었습니다.
23절 말씀을 보십시오.
"많이 간구하여 가로되 내 어린 딸이 죽게 되었사오니 오셔서 그 위에 손을 얹으사 그로 구원을 얻어 살게 하소서."
야이로는 절박하게 주께 매달렸습니다. 그는 자존심도 체면도 안중에 없었습니다. 딸을 살리기 위해 예수께 모든 걸 맡겼습니다. 딸의 아픔이 야이로가 예수님을 만나게 된 계기였습니다.

둘째로, 그에게 시작되는 새로운 삶의 행진을 보십시오.

24절 말씀을 보십시오.

"이에 그와 함께 가실새 큰 무리가 따라가며 에워싸 밀더라."

그는 예수님을 만나 예수님과 함께 걸어가기 시작했습니다. 아직 놀라운 사건은 일어나지 않았습니다. 그러나 야이로는 예수께서 함께 가 주신다는 이유만으로 충분히 흥분했습니다.

예수께서 나와 동행하여 주신다는 사실 하나만으로도 행복하고 감격스러운 것이 참 그리스도인의 삶입니다. 야이로의 새로운 삶의 모습이 그러합니다. 모든 문제의 열쇠를 쥐고 계시는 주님이 나와 동행하신다는 사실은 찬양하기에 충분한 이유가 됩니다.

셋째로, 주님과 함께 가는 도상에서 일어나는 사건을 보십시오.

예수께서 야이로와 함께 가시던 도중에 혈루증 앓던 여인을 고치셨습니다. 야이로는 이 사건을 보면서 교훈을 얻기보다는 낙망에 빠지게 되었습니다. 곧 사람들이 그에게 와서 딸이 죽었음을 알렸기 때문입니다(35절). 사실 야이로가 자기 딸을 살려야 한다는 이기적인 관점에서 눈을 돌려 좀더 다른 차원에서 이 사건을 보았다면 무언가 배울 점이 있었을 것입니다. 예수님이 어떤 분이신가와 여인의 행동에 나타난 믿음이 얼마나 중요한가를 깨달을 수 있었을 것입니다.

그러나 우리는 문제에 부딪치면 그 일을 통해 무언가 배우기보다는 문제 해결에만 급급한 경우가 더 많습니다. 야이로는 한 사람의 불치병자를 고치신 예수님의 능력을 보지 못했습니다. 자기가 안고 있는 문제의 해결이 지연되는 데만 신경을 썼습니다. 예수께서 늑장을 부리시는 것이 마음에 들지 않았습니다. 그는 예수께서 이 땅에 오신 목적을 이루시며 당연히 할 일을 하고 계시다는 것을 깨닫지 못했습니다. 예수님을 잘 알지 못했기 때문입니다. 열두 해나 혈루증을 앓던 여인어 믿음으로 치유받았다면 자기 딸도 능히 살릴 수 있을 것이라는 확신과 희망을 갖지 못한 것이 야이로의 믿음의 한계였습니다.

예수께서 회당장 야이로의 마음을 읽으셨습니다. 사람들이 와서 말하기를 당신의 딸이 죽었으니 선생님을 괴롭힐 필요가 없다고 했을 때, 야이로의 심정이 어떠한지를 아셨습니다. 그는 늑장을 부리신 예수님을 한편으로 원망하였고 혈루증 앓던 여인도 미워했습니다. 그리고 무엇보다 딸의 죽음으로 천지가 무너져 내리는 듯한 심한 고통과 슬픔에 빠졌습니다. 이때 예수께서 야이로에게 말씀하셨습니다.
"두려워 말고 믿기만 하라"(36절).
여기에 우리가 깨달아야 할 교훈이 있습니다. 주님과 동행하는 삶에도 고통이 따르고 좌절과 두려움이 닥칠 수 있습니다. 이는 주님이 우리 곁을 떠나셨기 때문이 아니라 우리를 훈련시키시고, 믿음을 가르치시고, 온전히 주님만 바라보게 하시려는 하나님의 섭리입니다. 인간의 머리로는 도저히 이해되지 않는 뜻밖의 상황에서도 낙심하지 마십시오. 당장은 일이 잘못된 것 같으나 그 뒤에 하나님이 계획하신 더 큰 뜻과 은혜가 기다리고 있음을 아십시오. 바로 야이로의 경우가 그러했습니다.

제자들에게 준 교훈

37절 말씀을 보면, 예수께서 베드로와 야고보와 요한을 데리고 통곡 소리가 들려오는 야이로의 집에 들어가십니다. 가장 중요한 교육은 말이 아니라 시청각으로 이루어집니다. 예수께서는 중요한 사건이 있을 때마다 이 세 제자를 동반했습니다. 그들이 깨달아야 할 중요한 교훈이 있었기 때문입니다.

예수께서 이 아이가 죽은 것이 아니라 잔다고 말씀하시자, 거기에 모여 있던 사람들이 주님을 비웃었습니다. 예수께서 죽은 아이를 살리는 기적이 주는 교훈을 받아야 할 제자들을 제외하고는 모두 다 내보내십니다. 그리고 위대한 기적을 베푸십니다. 예수께서 죽은 사람을 살리신 기적은 이 기적이 첫번째입니다.

제자들이 배워야 할 교훈은 죽음 이후에 부활이 있다는 놀라운 사실이었습니다. 예수께서 이 교훈이 필요한 제자들에게만 기적을 목격하게 하셨습니다. 그리고 43절에 보면 "예수께서 이 일을 아무도 알지 못하게 하라고 저희를 많이 경계하시고 이에 소녀에게 먹을 것을 주라" 하셨습니다.

당신은 죽은 후에 다시 살 것을 믿습니까? 이 사실은 예수 그리스도를 믿지 않는 사람에게는 아무리 이야기해도 소용이 없습니다. 그들은 이를 비웃기만 합니다. 그러나 죽음은 성도의 마지막이 아닙니다. 죽음은 그리스도 안에서 안식하는 것입니다. 죽음 이후의 부활 소식은 예수 그리스도를 받아들이지 않는 사람에게는 아무리 말해도 소용이 없습니다. 그래서 아마도 이 일을 비밀에 부치셨는지도 모릅니다. 하지만 제자들은 이를 알아야 했습니다. 그들은 부활의 기적의 증인들로서, 뒤에 죽음을 두려워하지 않는 믿음으로 예수 그리스도를 전파했습니다.

예수께서 소녀에게 "달리다굼"(41절)이라고 말씀하셨습니다. 이 말은 아람어로 아침에 부모들이 아이들을 깨울 때 쓰는 말입니다. 원문에는 "나의 딸이여 일어나라"로 되어 있습니다. 이 소녀는 예수님과 아무 혈연 관계가 없었습니다. 그러나 야이로의 문제는 곧 주님의 문제였습니다. 야이로의 딸은 곧 주님의 딸이었습니다. 주께서는 마지막 문제까지 해결하셨습니다. "그와 함께 가실새"(24절)로 시작된 여정은 죽음의 문제까지 승리로 이 끄셨습니다.

그리스도인의 삶도 이와 같습니다. 신앙 생활은 주님을 만나는 순간부터 시작됩니다. 교회에 나오는 날부터가 아니고 침례(세례)받는 날부터가 아닙니다. 참된 신앙의 시작은 주님을 만나는 날부터입니다. 그러나 주님과 함께 걸어가는 동안에 우리는 질병에도 걸리고 왜 이런 고통을 허락하시는지 의아해지는 상황도 만납니다. 신앙이 마냥 평탄한 꽃길 사이를 거니는 산책만은 아닙니다. 신앙의 길에는 폭풍우도 불고 골짜기도 있고 넘어야 할 산도 있습니다. 그러나 주님이 항상 당신과 함께 그 길을 가신다는 사실을 명심하십시오.

예수께서는 "세상 끝날까지 너희와 항상 함께 있으리라"(마 28:20)고 약속하셨습니다. 부활의 영광을 주실 때까지 주님은 우리와 함께 계십니다. 우리가 두려움에 빠지고 신앙의 위기에 직면할 때마다 곁에 다가오셔서 이렇게 말씀하십니다.
"두려워 말고 믿기만 하라."
그리고 야이로의 딸을 살리시듯 장차 우리를 부활의 영광으로 인도하실 것입니다.

예수께서는 "알파와 오메가요 처음과 나중"(계 21:6)이십니다. 우리 안에 놀라운 일을 시작하신 그분이 우리를 끝까지 책임져 주십니다. 때때로 주님이 늑장을 부리시는 것같이 보여 안타까운 시간이 있을 것입니다. 그러나 그때 주께서는 나보다 더 급한 사람을 도우심을 잊지 마십시오. 이웃에게 주시는 은혜를 보면서 주님의 사랑을 배우고 함께 감사하십시오.

주님은 어떤 분이십니까? 열두 해를 혈루증으로 앓던 무력한 여자에게도 구세주이시고, 한 세대의 당당한 권세자였던 회당장 야이로에게도 구세주이십니다. 질병을 다스리실 뿐만 아니라 죽음까지도 물리치시는 분입니다. 우리 믿음이 좋을 때도 함께하시며 흔들리고 넘어질 때도 강한 팔로 붙잡아 주시는 분입니다. 그분은 당신의 구세주이십니다.

18

누가 나를 만졌는가?

마가복음 5장 25 — 34절

"열두 해를 혈루증으로 앓는 한 여자가 있어 많은 의원에게 많은 괴로움을 받았고 있던 것도 다 허비하였으되 아무 효험이 없고 도리어 더 중하여졌던 차에 예수의 소문을 듣고 무리 가운데 섞여 뒤로 와서 그의 옷에 손을 대니 이는 내가 그의 옷에만 손을 대어도 구원을 얻으리라 함일러라 이에 그의 혈루 근원이 곧 마르매 병이 나은 줄을 몸에 깨달으니라 예수께서 그 능력이 자기에게서 나간 줄을 곧 스스로 아시고 무리 가운데서 돌이켜 말씀하시되 누가 내 옷에 손을 대었느냐 하시니 제자들이 여짜오되 무리가 에워싸 미는 것을 보시며 누가 내게 손을 대었느냐 물으시나이까 하되 예수께서 이 일 행한 여자를 보려고 둘러보시니 여자가 제게 이루어진 일을 알고 두려워하여 떨며 와서 그 앞에 엎드려 모든 사실을 여짜온대 예수께서 가라사대 딸아 네 믿음이 너를 구원하였으니 평안히 가라 네 병에서 놓여 건강할지어다."

**현**대인들은 "절망"과 "소외"라는 문제를 극복하지 못한 채 하루하루 살아가고 있습니다. 우리는 발달된 과학 문명의 혜택을 받으면서 살고 있고 미래에 대해 희망을 품고 있음에도 불구하고 자기 자신을 살펴볼 때면 비관에 빠지고 절망합니다. 키엘케골은 절망이 "죽음에 이르는 병"이라고 했습니다. 앞날을 예측할 수 없는 인간이기에 희망을 갖기보다는 쉽게 절망합니다.

절망보다 더 큰 비극은 "소외"입니다. 군중 속의 소외를 느낄 때 그 외로움과 고독은 견디기 힘듭니다. 이러한 절망이나 소외가 현대인만 겪는 문제는 아닙니다. 모든 시대를 망라하여 모든 인간이 부닥치는 문제입니다. 그리고 인간이 절망에 빠지고 소외를 느끼는 까닭은 하나님을 알지 못하는 죄인이기 때문입니다. 본문 말씀에서 다루고 있는 혈루병을 앓는 여자도 바로 이 **두 가지** 문제를 안고 있었습니다.

첫째, 이 여자의 절망은 열두 해 동안 불치병을 앓았다는 점입니다. '열둘'은 이스라엘 백성들에게 모든 것이 다 찼음을 의미하는 숫자였습니다. 열두 지파, 열두 제자, 열두 문, 열두 돌 따위가 그런 상징입니다. 열두 해를 병으로 앓았다는 것은 이 여자의 절망이 극에 달했음을 나타냅니다.

본문에 언급된 혈루증은 예수님 당시만 해도 치료할 수 없는 병이었습니다. 혈루증은 고칠 수 없는 고통스러운 병일 뿐만 아니라 수치스런 병이었습니다. 이 병을 앓는 사람들은 부정한 사람들로 취급되어 사람들에게 모욕과 수치를 당했습니다. 피는 생명과 같은데 그 피를 흘리는 병이기 때문입니다. 게다가 이 여자는 많은 의원에게 괴로움을 받았고 가지고 있던 것도 다 허비했습니다. 그런데 도리어 병은 더 심해지기만 했습니다.

둘째, 혈루병은 이 여자에게 소외감을 느끼게 했습니다. 구약

성경에는 공동체에서 격리되는 병이 두 가지 언급되어 있습니다. 문둥병과 혈루증이 그것입니다. 레위기 15장에는 혈루증이 유출병으로 기록되어 있습니다. 문둥병자와 유출병자는 그 사회에서 정상인으로 생활할 수가 없었습니다. 성 밖으로 쫓겨나 그들끼리 모여 살았습니다. 가족이나 친구들과 떨어져 고립된 생활을 해야 했습니다. 뿐만 아니라 그들은 성전 예배에 참석할 수 없었습니다. 회당에 나가는 것도 금지되어 있었습니다. 일반 사회와 신앙 공동체에서조차 소외당한 한 여자의 고통을 생각해 보십시오.

그 당시 이런 병은 정당한 이혼 사유가 되었습니다. 그러므로 이 여자는 이혼당했을 수도 있습니다. 사회에서 쫓겨나고 교회와 단절되고 가정에서 버림받은 삶이 얼마나 비참할까를 우리는 충분히 상상할 수 있습니다. 이 여자를 고통스럽게 만든 것은 혈루증이라는 병보다도 소외받는 데서 오는 고독이었을지도 모릅니다.

구원의 소식을 들음

어느 날 혈루증 앓던 여자가 예수님에 관한 소문을 듣습니다. 그 당시 예수님은 치료자로 널리 알려지기 시작했습니다. 예수께 병고침을 받았던 사람과 그 장면을 목격한 사람들이 입에서 입으로 예수님을 증거하였습니다. 놀라운 치료자인 예수, 그분이 메시야일지도 모른다는 소문이 팔레스타인 전지역에 나돌았습니다. 지금까지 이스라엘 백성들이 그렇게도 기다려 왔던 구세주, 하나님의 아들이 이 땅에 오셔서 신음하는 이스라엘 백성들을 구원하시리라는 소식을 이 여자가 들었습니다.

이 소문은 위대하고 기쁜 소식이었습니다. 27절에 보면 중요한 동사가 두 개 나옵니다. “소문을 듣고”와 “손을 대니”입니다.

예수께서 기적을 베푼 사람들에 관한 성경 기사에는 반드시 "듣고"와 "믿고"라는 단어가 사용되었습니다. 이 두 단어가 언제나 강조되어 있습니다. 들음이 없이는 믿음이 생길 수 없습니다.

"그러므로 믿음은 들음에서 나며 들음은 그리스도의 말씀으로 말미암았느니라"(롬 10:17).

"내 음성을 듣고 나 보내신 이를 믿는 자는 영생을 얻었고"(요 5:24).

본문에는 "믿음"이라는 단어 대신 "손을 댄다"는 표현이 나옵니다. 그 표현은 믿음이 무엇인가를 설명하기 위해 예수께서 사용하신 것입니다. 우리는 이 여자가 치료받는 기적을 살펴보면서 예수님을 믿는다는 것이 무엇을 의미하는지 알게 됩니다.

기적을 일으키는 믿음

이 여자가 예수님 옷에 손을 댔는데 손을 댄 일 자체를 대단한 사건으로 이야기할 필요는 없습니다. 손을 댄 것이 여자를 구원한 것은 아닙니다. 34절 말씀이 이를 뒷받침합니다.

"예수께서 가라사대 딸아 네 믿음이 너를 구원하였으니 평안히 가라."

옷에 손을 댔기 때문이 아니라 믿음이 구원하였다고 했습니다. 사실 예수님 옷에 손을 댄 것은 그 여자만이 아니었습니다. 그날 많은 사람들이 예수님의 옷자락에 손을 댔습니다.

"무리가 에워싸 미는 것을 보시며"(31절).

이날 많은 사람들이 예수께 호기심을 갖고 몰려들었습니다. 그것은 단순한 호기심이었습니다. 그러나 이 여자는 자신의 병을 고치리라는 확신을 가지고 예수님의 옷에 손을 댔습니다. 믿음이 담긴 행동이었습니다.

　예수님의 옷에 능력이 있어서 열두 해나 계속 앓던 혈루증이 나은 것은 아닙니다. 이 옷은 아마 겉옷이었을 것입니다. 중동 지역에서는 겉옷을 낮에는 어깨에 걸치고 다니고 밤에는 잠잘 때 덮는 담요로 사용합니다. 이 겉옷에는 아무 의미가 없습니다. 오직 이 여자의 믿음이 기적을 낳은 원인입니다.
“내가 그의 옷에만 손을 대어도 구원을 얻으리라”(28절).
　여자의 믿음이 곧 현실로 나타났습니다.
“예수께서 그 능력이 자기에게서 나간 줄을 곧 스스로 아시고”(30절).
치유의 능력이 예수님에게서 나갔습니다. 옷에 능력이 있지 않습니다. 능력의 근원은 주께만 있습니다. 손을 댄 행위가 마술과 같은 효과를 낸 것이 아닙니다. **중요한 것은 예수님을 믿는 믿음입니다. 내가 안고 있는 문제를 온전히 예수께 맡기고 그분이 문제를 해결해 주시리라 믿을 때 우리에게 놀라운 일이 생깁니다.**

신앙 고백

예수께서 자신의 능력이 나간 줄 아셨습니다. 사실 이 여자는 자기 정체를 나타내기가 부끄러웠습니다. 만약 이 부정한 여자가 거리에 등장했다는 사실이 알려지면 사람들이 그를 돌로 쳐 죽일 수도 있습니다. 이 여자는 사람들 틈에 자기 몸을 숨기고 다른 사람의 눈을 피해 아주 은밀하게 예수님 옷에 손을 대었습니다. 그러나 주님은 민감하게 이 사실을 느끼셨습니다.
　예수께서 “누가 내 옷에 손을 대었느냐”(30절)고 물으셨습니다. 이 질문은 예수님과 이 여자의 관계를 바로하기 위한 것입니다. 예수께서는 이 여자를 아셨습니다.
“예수께서 이 일 행한 여자를 보려고 둘러보시니”(32절).
예수께서 믿음으로 병 고침의 능력을 체험한 여자를 찾으시는 이유는 33절 말씀이 밝히고 있습니다.

"여자가 제게 이루어진 일을 알고 두려워하여 떨며 와서 그 앞에 엎드려 모든 사실을 여짜온대."
예수께서 병 고침을 받은 여자에게 요구하시는 것은 바로 신앙 고백이었습니다.

하나님의 사랑과 구원의 은혜를 받기만 하고 혼자서 그 일을 마음에 품어 두는 일은 그리스도인에게 있을 수 없습니다. 고백이 없는 믿음은 힘이 없습니다. 주님의 은혜는 감추어 둘 수 없습니다.
"사람이 마음으로 믿어 의(義)에 이르고 입으로 시인하여 구원에 이르느니라"(롬 10:10).
우리에게 믿음이 있다면 입술로 나올 수밖에 없습니다. 입을 닫고 있다면 그것은 비겁한 침묵입니다. 이 놀라운 치유의 기적이 비밀이 될 수 없습니다.
예수께서 여인을 부르시자 여인은 두려워 떨며 와서 주 앞에 엎드렸습니다. 그리고 모든 사실을 여쭈었습니다.

간증은 내게 일어난 사건을 있는 그대로 말하는 것입니다. 하나님께서 내 삶 속에서 역사하신 일을 사실 그대로 말하는 것이 고백이고 간증입니다. 설혹 간증하는 과정에서 자기를 드러내고 싶은 본능 때문에 과장된 표현을 사용하기도 하지만, 그 기본이 되는 이야기는 실제 체험에서 나온 것이어야 합니다.
본문의 사건 앞에 기록된, 귀신들린 자가 치유된 기적에서도 그 은혜와 역사하심을 증거하는 고백이 요구되었습니다.
"저에게 이르시되 집으로 돌아가 주께서 네게 어떻게 큰 일을 행하사 너를 불쌍히 여기신 것을 네 친속에게 고하라 하신대"(19절).
예수께서 역사하신 뒤에는 반드시 그에 대한 간증이 있습니다.

당신에게 주님의 능력이 임하사 삶이 변화되고 영혼이 치료되는 기적이 있었습니까? 하나님이 당신에게 행하신 놀라운 역사가 있다면 잠잠히 있지 마십시오. 그분은 우리가 사랑하는 사람들에게 주께서 행하신 큰 일을 고백하라고 요구하십니다. 참된 믿음은 구체적인 고백으로 증거됩니다. 간증에는 다음 **세 가지** 요소가 포함되어 있어야 합니다.

첫째로, 주님의 능력이 나타나야 합니다.

간증을 할 때 간증하는 사람이 주인공이 되고 영웅이 되어서는 안 됩니다. 혈루증을 앓던 여자가 자랑할 것은 아무 것도 없었습니다. 절망과 소외로 고통받던 불쌍한 한 인간을 예수께서 고치셨고 새롭게 하셨습니다. 주님의 능력이 기적을 일으켰습니다. 그러므로 오직 예수 그리스도만 드러내고 그분께만 영광을 돌려야 합니다.

둘째로, 주님의 사랑이 나타나야 합니다.

사실 이 여자가 주님을 만진 것은 해서는 안 될 일을 한 것입니다. 율법에 따르면 부정한 사람들은 사람들 앞에 나타나지 못하게 되어 있었습니다. 전염될 위험이 있기 때문입니다. 그런데 혈루증 앓는 여자는 율법과 상식을 깨뜨리고 예수께 손을 대었습니다.

사회가 저버리고 교회가 돌보지 않던 환자, 어느 누구도 반기지 않던 여자가 그 더러운 손으로 거룩한 주께 갔다 대었을 때 예수께서 그를 용납하셨습니다. 이 일은 주님의 사랑으로만 가능한 일입니다. 우리의 온갖 허물과 죄에도 불구하고 우리를 받아들이시고 용서하시며 자녀를 삼으시는 그분의 사랑은 간증하지 않을 수 없는 귀한 사랑입니다.

셋째로, 주님의 은혜가 나타나야 합니다.

고백은 하나님의 은혜를 감사하는 것입니다. 죄 값으로 인해서 하나님의 진노와 저주를 피할 수 없는 존재인 인간은 주 앞에 감히 가까이 나아갈 수 없었습니다. 오직 그분의 은혜가 우리에게 임하사 우리를 인도하시고 죄 가운데서 건져 주셨습니다. 여자가 주님 옷에 손을 대었을 때 그를 고치시고 사람들 앞에서 그의 믿음을 고백하여 구원의 기쁨을 얻게 하신 것은 주님의 은혜 덕분이었습니다.

예수님 주변에는 많은 사람들이 있었습니다. 그러나 변화받은 사람은 한 사람이었습니다. 주께서 주시는 복을 받은 사람은 한 사람뿐이었습니다. 당신은 어떤 태도로 예배하고 찬양하고 기도합니까? 아무 믿음도 없이 그저 습관으로 교회에 나온다면, 당신은 예수님을 에워싸고 있던 호기심 많은 군중들에 지나지 않습니다. 주께서 찾으시는 사람은 믿음으로 주님을 만지는 사람입니다. 예수께 관심을 갖고 있으나 주변에 머물러 있는 사람은 결국 아무 것도 얻지 못합니다.

예수 그리스도를 구주로 고백하고 그분을 믿을 때, 당신의 삶과 인생이 바뀌는 역사가 일어납니다. 당신의 절망과 고독이 치유됩니다. 그 은혜를 기쁨과 감사로 고백하게 됩니다. 이때 다음과 같은 주님의 음성을 들을 수 있습니다.

"네 믿음이 너를 구원하였으니 평안히 가라"(34절).

19

에바다

마가복음 7장 31-37절

"예수께서 다시 두로 지경에서 나와 시돈을 지나고 데가볼리 지경을 통과하여 갈릴리 호수에 이르시매 사람들이 귀먹고 어눌한 자를 데리고 예수께 나아와 안수하여 주시기를 간구하거늘 예수께서 그 사람을 따로 데리고 무리를 떠나사 손가락을 그의 양 귀에 넣고 침 뱉아 그의 혀에 손을 대시며 하늘을 우러러 탄식하시며 그에게 이르시되 에바다 하시니 이는 열리라는 뜻이라 그의 귀가 열리고 혀의 맺힌 것이 곧 풀려 말이 분명하더라 예수께서 저희에게 경계하사 아무에게라도 이르지 말라 하시되 경계하실수록 저희가 더욱 널리 전파하니 사람들이 심히 놀라 가로되 그가 다 잘하였도다 귀머거리도 듣게 하고 벙어리도 말하게 한다 하니라."

귀먹고 어눌한 자가 이 기적의 주인공입니다. "어눌한 자"는 "반벙어리"나, "말더듬이" 정도가 아니라 "말을 꼭 하고 싶은데 말이 안 나오는 사람"입니다. 생각을 말로 표현하고 싶은데 말을 할 수 없는 안타까운 처지의 불쌍한 사람입니다. 귀먹고 어눌한 사람들의 공통점은 의사 소통에 어려움을 겪는다는 사실입니다. 성경에는 예수께서 소경들을 고치신 많은 사례가 기록되어 있습니다. 이 귀먹고 어눌한 사람은 어떤 의미에서 소경보다 더 딱한 처지에 있다고 볼 수 있습니다. 소경은 적어도 말하고 들을 수 있기 때문에 어느 정도의 대화가 가능하지만 귀머거리와 벙어리는 육체의 어려움을 말로 표현할 수가 없습니다.

신앙인의 입장에서 볼 때 귀먹고 어눌한 자의 가장 큰 단점은 강단에서 선포되는 주님의 말씀을 들을 수 없는 일입니다. 또한 찬양할 자유가 없습니다. 기도할 특권도 없습니다. 말씀을 듣지 못하고 찬양과 기도의 특권을 빼앗긴 사람을 상상해 보십시오. 얼마나 불쌍한 사람입니까? 그와 비교하여 당신은 얼마나 감사할 조건이 많습니까?

본장에서는 예수께서 귀먹고 어눌한 사람을 고치시는 장면을 통해 우리가 믿고 있는 주님이 어떤 분이신가를 살펴보겠습니다. 병자를 고치신 장면이 다른 장면들과 색다른 점을 볼 수 있습니다.

개인에게 관심이 있으신 주님

33절 말씀을 보십시오.
"예수께서 그 사람을 따로 데리고 무리를 떠나사."
예수께서 귀먹고 어눌한 사람을 한적한 곳으로 데리고 가셔서 일 대 일의 관계에서 그 사람을 고치셨습니다. 주님의 기적과 사람들이 생각하는 보통 기적 사이에는 분명한 차이가 있는데, 주님의 기적에는 마술이나 장삿속이 전혀 없습니다. 요즘 병 고친다는 많은 사람들은 예수님과 달리 자신을 드러내고 과시하는 잘못된 방향으로 나아가고 있습니다. 무수한 사람들을 모아 놓고 자신이 치유의 권능을 받았음을 공개할 뿐더러 막대한 헌금까지 거두어 들입니다.

예수께는 자기 과시의 의도가 전혀 없습니다. 오히려 그분은 이 치유의 기적을 아무에게도 이르지 말라고 주의를 주시기까지 합니다(36절). 주님은 기적을 베푸실 때 철저히 개인의 필요를 중시하셨습니다.

예배는 공동체가 함께 드리는 신앙의 표현입니다. 그러나 본래 신앙은 가장 개인적인 것입니다. 신앙 생활을 할 때 하나님과 단 둘이 함께하는 시간을 갖는 것은 대단히 중요한 일입니다. 하나님과 개인으로 만나는 시간을 갖지 않는다면 주님이 각 사람에게 주시는 풍성한 복을 받을 수 없습니다.

당신은 예수께서 당신만을 향해 베푸시는 은혜를 경험하기 위해 특별히 시간을 내어 홀로 주님의 말씀을 듣고 주님의 목소리를 경청하는 시간을 얼마나 갖고 있습니까? 예수께서는 하나님 나라를 전파하는 바쁜 사역 가운데서도 무리를 피하여 한적한 곳으로 가시사 살아 계신 하나님과 단 둘이 교제를 나누는 모습을 우리에게 보여 주셨습니다.

"예수는 물러가사 한적한 곳에서 기도하시니라"(눅 5:16).

마르틴 루터는 "아, 너무 바쁘다. 더욱 열심히 기도해야겠다"고 고백했습니다. 바쁠수록 그 모든 일들을 감당할 수 있도록 하나님과 교제를 나누어야 합니다. 주변의 모든 잡음을 차단하고 텔레비전을 끄고 오디오를 끄고, 주님과 당신 사이의 은밀한 만남에 몰두하십시오. 주님은 공동체에게 복을 주시기도 하지만 홀로 있을 때 가장 큰 은혜를 베푸십니다.

본문에 언급된 귀먹고 어눌한 사람은 무리와 떨어진 곳에서 치료받았습니다. 개인을 향한 예수님의 자비와 사랑을 느낄 수 있는 장면입니다. **주님은 당신에게도 무리와 떨어져 홀로 그분을 만나도록 요구하십니다. 주님의 부르심에 응하십시오. 무릎 꿇고 조용히 주님과 만나는 시간을 하루의 중요 일과로 떼어 놓으십시오. 그분의 역사하심이 놀라울 것입니다.**

믿음을 격려하시는 주님

33절 하반절 말씀을 보십시오.
"예수께서…손가락을 그의 양 귀에 넣고 침 뱉아 그의 혀에 손을 대시며."
이것은 굉장히 상징적인 행동입니다. 성경의 모든 상징은 우리의 믿음을 촉진하려는 의도가 있습니다. 예수님의 행위는 귀먹고 어눌한 사람을 치료하시리라는 기대를 불러일으킵니다. 기대와 믿음은 절대로 분리할 수 없습니다. 우리가 주님을 신뢰한다면 그 주님을 기대해야 옳습니다. 예수께서 병자에게 이 기대감을 심어 주고 믿음을 촉진하기 위해서 상징적인 행동을 하십니다. 그의 귀를 만지고 그의 혀에 손을 대는 순간 귀먹고 어눌한 자는 자신이 정상인으로 회복될 것을 기대합니다. 주께서 자신을 고치시리라 확신합니다.

믿음이 없는 곳에는 하나님의 역사가 일어나지 않습니다.
"믿음이 없이는 기쁘시게 못하나니 하나님께 나아가는 자는 반드시 그가 계신 것과 또한 그가 자기를 찾는 자들에게 상 주시는 이심을 믿어야 할지니라"(히 11:6).
하나님께서 역사하실 것을 믿고 그분을 찾을 때 주께서 상급을 베푸

십니다. 주님의 영광이 임하고 놀라운 사건들이 일어납니다. 당신은 주님의 위대한 역사를 기대하며 주님 앞에 나올 때마다 당신에게 말씀하시고 당신을 만지시는 주님의 손길을 체험하십니까? 그분의 능력이 당신에게 임할 것을 믿고 기대하십시오. 주님은 귀와 혀를 만지는 상징을 통해 병자의 믿음을 격려하셨습니다.

하늘에서 오는 권능

치료하는 능력은 하나님께 있습니다. 예수께서 종종 "하늘을 우러러"(34절) 기도하셨습니다. 예수께서는 진실로 하나님께 도우심을 바라도록 하기 위해 하늘을 우러러보는 상징을 사용하셨습니다. "하늘을 우러러 탄식하시는" 것은 치료의 능력, 기도의 응답이 하늘로부터 옴을 보여 주기 위한 행동입니다. 하나님을 바라보고 있습니까? 그분을 바라보고 사는 사람들에게 그분의 보상과 상급과 능력이 임합니다.

야고보서 1장 17절 말씀을 보십시오.
"각양 좋은 은사와 온전한 선물이 다 위로부터 빛들의 아버지께로서 내려오나니 그는 변함도 없으시고 회전하는 그림자도 없으시니라."
모든 동물들이 다 땅을 바라보고 다니도록 창조되었지만 인간은 앞을 볼 수 있고 위를 볼 수 있는 존재로 지음받았습니다. 하나님을 바라볼 수 있는 존재로 지음을 받았습니다. 헬라어로 인간을 『안드로포스』라고 하는데 "위를 보는 존재"라는 뜻입니다. 인간만이 위를 향해 하늘을 바라보고 하나님을 바라볼 수 있다는 사실은 얼마나 아름다운 창조주의 계획입니까? 그런데 우리는 놀라운 능력과 도움의 원천을 알고 있지만 너무 바쁘다는 핑계로 하늘을 쳐다볼 시간을 내지 않습니다. 땅에 매여 있습니다.

성경은 위엣 것을 찾으라고 말합니다.
"그러므로 너희가 그리스도와 함께 다시 살리심을 받았으면 위엣 것을 찾으라 거기는 그리스도께서 하나님 우편에 앉아 계시느니라"(골 3:1).
예수께서 부활하고 승천하시어 하나님 우편에 앉아 우리의 중보자로 우리를 위하여 기도하시고 우리를 도우시므로 위엣 것을 찾으라는 것입니다.

우리의 도움은 천지를 지으신 하나님께로부터 옵니다(시 121:2 참조). 당신은 우리의 모든 죄를 담당하시고 죄 문제를 해결하시고 우리를 위해 중보 기도를 드리며 하나님 우편에서 우리를 살피시는 그분을 바라보며 살고 있습니까?

이스라엘 성지(聖地)를 여행하는 사람들은 그 땅이 너무 형편 없다는 사실에 놀랍니다. 어떻게 이 땅이 젖과 꿀이 흐르는 약속의 땅이 될 수 있을까 의아해 합니다. 그러나 가나안에 대한 하나님의 특별한 계획과 이스라엘 백성들에게 주시려 한 놀라운 교훈이 있음을 놓치지 마십시오.

신명기 11장 10, 11절 말씀을 보십시오.
"네가 들어가 얻으려 하는 땅은 네가 나온 애굽 땅과 같지 아니하니 거기서는 너희가 파종한 후에 발로 물 대기를 채소밭에 댐과 같이 하였거니와 너희가 건너가서 얻을 땅은 산과 골짜기가 있어서 하늘에서 내리는 비를 흡수하는 땅이요."
애굽 땅은 비옥한 땅이어서 농사가 잘 되었습니다. 그러나 이스라엘은 나일 강과 같은 큰 강이 없어서 가뭄이 들면 꼼짝없이 죽을 수밖에 없습니다. 그렇기 때문에 이스라엘 사람들은 하늘을 쳐다보게 됩니다. 하나님의 도우심을 기대해야 합니다. 가나안은 하나님의 도우심을 의뢰하고 그분을 신뢰하면서 젖과 꿀이 흐르는 땅으로 만들어야 할 땅입니다.

때때로 하나님께서 그리스도인들에게 풍성한 삶을 허락하시지 않는 이유가 어디 있습니까? 그것은 하나님께서 내리는 복을 감당할 만한 자질이 우리에게 없을 때 그 풍성한 조건이 우리가 신앙을 떠나고 주님을 멀리할 수 있는 기회가 되기 때문입니다. 우리는 우리의 부족함 때문에 하늘을 올려다보게 됩니다. 우리의 계속되는 삶의 고통 때문에 하나님을 의지하게 됩니다. 고통스런 상황이 우리에게 주는 놀라운 축복이 있습니다. 그것은 하나님을 의지하는 삶, 주님을 의지하는 삶입니다. 우리에게 닥치는 어려움이 도리어 감사가 되고 은혜가 될 수 있다는 말입니다.

자비로우신 주님

34절 말씀에서 예수님의 모습에 주의를 집중해 봅시다.
"하늘을 우러러 탄식하시며."
예수께서 하늘을 우러러보신 것은 우리의 도움이 "천지를 지으신 여호와에게서"임을 상징으로 보여 주신 행동입니다. 또한 언제나 하나님을 바라보면서 살도록 교훈하신 사건입니다. 훌륭한 교사는 말로만 하는 교사가 아니라 시청각 교재를 잘 사용하는 교사입니다. 주님은 행동을 통해 아름답고 복된 교훈들을 전달하셨습니다.
『탄식』의 뜻을 원문에서 살펴보면 "불쌍한 표정으로 신음 소리를 내는 것"입니다. 상대방을 불쌍히 여기는, 마음 깊은 곳으로부터 우러나오는 신음에 가까운 고통의 소리입니다. 예수께서는 귀먹고 어눌한 자가 들을 수 없기 때문에 소리로만 탄식하신 것이 아니라 몸짓으로 표현하셨을 가능성이 많습니다. 그를 불쌍히 여기는 마음을 충분히 전달하셨을 것으로 생각됩니다.

주님은 그를 불쌍히 여기셨습니다. 주님의 기적에는 분명한 동기가 있습니다. 그것은 사랑입니다. 다른 말로 표현하면 "불쌍히 여김", 영어로는 "compassionate"입니다.

영어 단어 "compassionate"의 뜻은 "하나님의 징계나 사단의 사역으로 인간이 삶의 권리를 박탈당했을 때 그 일을 하나님의 마음으로 아파하는 상태"입니다. 딱한 처지의 사람을 볼 때 하나님의 눈을 가지고 보십시오. 당연히 있어야 할 삶의 자리를 빼앗긴 이들, 육체와 정신에 고통받는 이들을 주님의 눈과 마음으로 바라볼 때, 우리는 주님처럼 그들을 불쌍히 여기게 될 것입니다.

현대 사회에서 기적이 사라지고 있는 이유는 사랑이 식어 가기 때문입니다. **주님의 심정으로, 정말 안타까운 마음으로 우리 이웃을 위해 기도한다면, 우리 시대에도 기적이 일어날 수 있을 것입니다. 본문 말씀은 우리들의 사랑 부족에 대한 주님의 도전입니다. 예수께서는 궁휼히 여기는 마음을 가지고 기적을 행하셨습니다.**

예수께서 이 불쌍히 여기는 마음으로 귀먹고 어눌한 자의 귀와 혀에 손을 대시면서 이렇게 말씀하십니다.
"에바다"(34절).
『에바다』는 "열리라"는 뜻입니다. 이로써 그의 귀가 열리고 혀가 풀려 다시 말하고 듣게 되었습니다. 대화할 수 있게 기능이 회복되었습니다. 그는 이제 주를 찬양하고 하나님께 기도할 수 있습니다.

우리는 본문의 기적을 통해 우리가 믿고 신뢰하는 주님이 어떤 분인가를 발견했습니다. 그분은 궁휼이 많으신 사랑의 주님이십니다. 그분은 우리에게 끊임없이 하나님을 바라보도록 요구하십니다. 하나님은 신뢰하는 믿음을 격려하십니다. 하나님께서 우리에게 베푸시는 은총을 체험하도록 그분과 단 둘이 만날 것을 말씀하십니다. 그리고 이웃을 불쌍히 여기는 본을 보이셨습니다.

　예수께서 당신이 그분의 발자취를 따르기를 바라십니다. 그분이 원하시는 대로 하나님을 신뢰하고 그분과 교제를 나누며 크신 은혜 가운데 이웃을 사랑하는 성도가 되기 바랍니다.

20

소경 바디매오의 구도(求道) 정신

마가복음 10장 46－52절

"저희가 여리고에 이르렀더니 예수께서 제자들과 허다한 무리와 함께 여리고에서 나가실 때에 디매오의 아들인 소경 거지 바디매오가 길가에 앉았다가 나사렛 예수시란 말을 듣고 소리 질러 가로되 다윗의 자손 예수여 나를 불쌍히 여기소서 하거늘 많은 사람이 꾸짖어 잠잠하라 하되 그가 더욱 심히 소리 질러 가로되 다윗의 자손이여 나를 불쌍히 여기소서 하는지라 예수께서 머물러 서서 저를 부르라 하시니 저희가 그 소경을 부르며 이르되 안심하고 일어나라 너를 부르신다 하매 소경이 겉옷을 내어 버리고 뛰어 일어나 예수께 나아오거늘 예수께서 일러 가라사대 네게 무엇을 하여 주기를 원하느냐 소경이 가로되 선생님이여 보기를 원하나이다 예수께서 이르시되 가라 네 믿음이 너를 구원하였느니라 하시니 저가 곧 보게 되어 예수를 길에서 좇으니라."

국 사람 최대 관심사는 얼마 전까지만 해도 부(富)의 축적이었습니다. 그러던 것이 어느 정도 의식주 문제가 해결되고 나니까 지금은 건강에 가장 큰 관심을 쏟고 있습니다. 너도 나도 몸에 좋다는 것은 해외에서까지 구해다 먹는 볼썽 사나운 모습도 보입니다. 운동과 오락에 관련된 산업이 번창합니다. 이는 부요와 건강이 인간을 행복하게 만드는 조건이라 생각하기 때문에 나타나는 현상들입니다.

본문에는 건강하지도 못하고 부요하지도 못한 불행한 사람의 이야기가 기록되어 있습니다. 이야기의 주인공은 "소경 거지 바디매오"입니다. 그는 시력을 잃어버렸을 뿐만 아니라 경제력도 없는 사람으로 묘사되어 있습니다. 세상의 가치 기준으로 볼 때 그는 불행하기 그지없는 사람입니다. 그러나 실상은 불행하지 않은 사람입니다. 왜냐하면 그는 마침내 구원에 도달하는 기적을 체험했기 때문입니다. 본장에서 살펴볼 내용은 소경 바디매오가 어떻게 불행을 극복하고 구원의 기적을 체험하는 자리에 이를 수 있었나 하는 점입니다.

구세주를 기대함

예수님을 만난 사람들은 모두 변화됩니까? 그렇지 않습니다. 복음서에는 예수님을 만난 사람들이 무수히 많이 언급되어 있는데 그들이 다 변화되지는 않았습니다. 주님을 만나고도 여전히 죄 가운데 있는 이들이 있고, 반면 예수님을 만나자마자 운명과 삶의 근본을 뒤바꾸는 사람이 있습니다.

무슨 차이입니까? 변화된 사람들의 경우 그들은 예수님을 만날 때 호기심과 더불어 참된 믿음을 가지고 있었습니다. 예수께 어떤 기대를 걸었던 사람들은 큰 의미 없이 무리 틈에 끼어 주님을 만났던 사람들과 큰 차이를 드러내었습니다.

예수께서는 고향 마을인 나사렛에서는 기적을 행하지 않으셨습니다(눅 4:14-30 참조). 아마도 나사렛 사람들은 예수께서 같은 고향 사람이었기 때문에 그분을 너무 잘 알고 있었을 것입니다. 그래서 그들에게 예수님은 요셉의 아들로 태어나 목공일을 하면서 성장한 청년 예수로 밖에는 보이지 않았을 것입니다. 예수님을 목수 이상의 존재로 보지 못하는 그들의 편견과 고정 관념이 예수님의 역사하심을 가로막는 요인이었음에 틀림없습니다. 기대가 없으므로 예수께서는 아무 기적도 행하지 않으셨습니다.

지난 시대의 청교도들은 토요일날 설레이는 마음으로 주일을 기다렸다고 합니다. 하나님의 백성들이 함께 모여 예배드린다는 것은 그들의 삶에서 최고의 환희였습니다. 그들은 주일을 기다리고 준비하였다가 주일날 아침에 자녀들과 함께 교회에 나감으로써 살아 있는 신앙 교육을 하였습니다.

예배에서 진정한 축복을 경험하려면 "예배를 통해 우리가 무엇을 얻을 수 있는가"라는 사실보다 "예배에 어떤 자세와 태도를 가지고 참석하느냐"가 훨씬 중요하다고 생각합니다. 당신은 무엇을 기대하며 교회에 출석하십니까? 생명을 창조하시고 역사를 주관하시는 살아 계신 하나님과의 만남을 사모하는 간절한 마음으로 주일을 맞으시기 바랍니다.

바디매오는 예수님에 대해 많은 정보를 입수해 놓은 듯합니다. 그는 예수께 특별한 기대를 걸고 나아왔습니다.
"나사렛 예수시란 말을 듣고 소리 질러 가로되 다윗의 자손 예수여 나를 불쌍히 여기소서 하거늘"(47절).
그는 나사렛 예수가 지나가신다는 말을 듣고 "다윗의 자손 예수여"라고 외쳤습니다.
나사렛은 이스라엘 사람들이 아주 하찮은 도시로 여기는 마을입니다. 유대인들끼리도 나사렛 사람들이라면 대단히 깔보았습니다.

"나다나엘이 가로되 나사렛에서 무슨 선한 것이 날 수 있느냐"(요 1:46).

예수께서는 이 천대받는 나사렛 사람이셨습니다. "나사렛 사람"이란 말은 다분히 조롱하는 어투가 들어간 말입니다.

그런데 소경 바디매오는 주님을 "나사렛 예수"라고 부르지 않았습니다. 그는 예수님을 "다윗의 자손"이라고 불렀습니다. 우리가 아는 대로 다윗의 자손이란 말은 소위 메시야 호칭입니다. 구약 시대부터 예수님은 다윗의 후손으로 오실 것이 예언되어 있었습니다. "바디매오에게는 그분은 평범한 교사나 인간이 아니라 다윗의 후손으로서 우리의 운명과 문제를 해결할 구세주일 것이다"라는 구세주에 대한 기대가 있었습니다. 바디매오는 "사람들이 그를 어떻게 생각하느냐"라는 평범한 정보에 의존하지 않았습니다. 그는 성경의 계시에 따라 예수님을 바라보았습니다.

당신은 예수님을 누구라고 생각하십니까? 당신의 구주로 확신하십니까?

하나님을 만남으로 삶의 변화를 가져올 수 있는 좋은 비결은 "마지막 의식(意識)"을 갖는 것입니다. 바디매오가 주께 바라는 기대는 마지막 기대입니다. 그가 이렇게 간절하게 주님을 기대할 수 있었던 까닭은 아마도 주변 환경이 그를 겸손하게 만들어 주(主)를 찾게 했기 때문인지도 모릅니다. 그는 소경인데다 거지였기 때문에 더 절박한 심경이었습니다. 그렇다면 그의 불행한 환경을 반드시 불행이라고만 볼 수는 없습니다.

건강하기 때문에 예수님이 필요 없다고 생각하는 사람에게는 건강이 저주입니다. 부요하고 똑똑하기 때문에 예수님이 필요 없다고 느낀다면, 그 똑똑함과 부(富)가 저주입니다. 자신의 불행한 조건이 예수님을 찾게 했다면 그 불행은 오히려 축복의 요인입니다. 자신의 궁핍한 처지를 깨달아 하나님을 바라볼 때 그분의 은혜를 누릴 수 있습니다.

수년 전 브라질의 리우데자네이로에 집회를 하러 간 적이 있었습니다. 펠레 축구장이 내려다보이는 도시의 한복판에 산이 있고 그 산 꼭대기에「그리스도의 상(像)」이라는 유명한 예수님의 상이 있습니다. 그런데 상을 쳐다보는데 아무리 고개를 들고 봐도 전체가 다 보이질 않았습니다. 그때 안내원이 말하기를 무릎을 꿇고 위를 올려다보라고 했습니다. 무릎을 꿇고 보니 정말 예수님 상 전체가 눈에 들어왔습니다. 어쩌면 주님은 무릎을 꿇는 사람들에게만 보이는 분일지 모릅니다.

나의 부족함을 절실하게 깨닫고 겸손하게 주 앞에 엎드릴 때 우리의 구원자이신 예수께서 우리에게 다가오십니다. 바디매오처럼 구세주를 간절히 열망할 때 삶 가운데 변화가 일어납니다. 예수님을 구주로 기대할 때 생동감 있는 믿음을 소유할 수 있습니다.

세상의 비웃음을 극복함

바디매오가 "다윗의 자손 예수여 나를 불쌍히 여기소서" 했을 때 무리들이 어떤 반응을 나타냈는지 48절 말씀을 보겠습니다. "많은 사람이 꾸짖어 잠잠하라 하되 그가 더욱 소리 질러 가로되 다윗의 자손이여 나를 불쌍히 여기소서 하는지라."
신앙 생활을 시작할 때 세상 사람들의 박수 갈채를 기대하지 마십시오. 세상이 우리 주 예수 그리스도를 십자가에 못박았다는 사실을 잊지 마십시오.

신앙의 결단은 고독합니다. 기독교 철학자 키엘케골은 그리스도인의 신앙 결단을 가리켜 "이 일은 언제나 하나님 앞에 단독

자로 서는 외톨이의 결단"이라고 말했습니다. 그 결단에는 아무런 동조자도 없습니다. 당신과 가장 가까운 사람도 신앙의 길에는 동반자가 아니라 적이 되어 나타날 수 있습니다. 그래서 신앙의 결단은 언제나 고독한 결단입니다. 아무도 대신할 수 없는 당신만의 결단입니다. 신앙은 주님 앞에서 각 개인이 고백해야 할 문제입니다.

세상이 무슨 말을 하든 다른 사람들이 어떻게 생각하고 판단하든 상관없이 흔들림 없는 신앙을 소유해야 합니다. 바디매오를 보십시오. 그는 사람들이 뭐라 하든 개의치 않고 예수님을 불렀습니다. 전보다 더욱 크게 소리 쳤습니다. 사람들이 그를 말렸을 때 잠잠했다면 그는 자신의 불행을 그대로 안은 채 일생을 보내야 했을 것입니다. 그러나 그는 물러서지 않는 자세로 더욱 열심으로 신앙에 대한 해답을 추구했습니다. 세상 사람들의 비난을 극복한 것이 그의 삶에 놀라운 기적을 선사했습니다.

가장 중요한 문제를 구함

바디매오가 애타게 주님을 불렀을 때 자비로운 예수께서 그를 돌아보셨습니다. 그리고 그에게 물으셨습니다.
"예수께서 일러 가라사대 네게 무엇을 하여 주기를 원하느냐"(51절).
이때 소경 거지 바디매오는 원하는 것을 무엇이든 댈 수 있었을 것입니다. 그러나 그는 인간의 힘으로는 할 수 없는 일이나 그에게 가장 절실한 문제를 주께 아뢰었습니다.
"선생님이여 보기를 원하나이다"(51절).

서양 속담에 "차선(次善)은 최선(最善)의 적이다"라는 말이 있습니다. 좋은 일이 가장 좋은 일의 가능성을 없애는 경우가 있다는 뜻입니다. 현대 사회의 가장 큰 문제는 우선 순위의 혼란에 있습니다. 무엇이 가장 중요한 일이고 무엇을 가장 먼저 해야 하는지, 기준을 잡지 못하고 있습니다. 가치관의 상실로 잘못된 판단을 내리고 하찮은 일에 귀중한 시간을 낭비하고 있습니다. 결국 가장 중요한 문제는 해결되지 않는 숙제로 계속 남게 됩니다. 우리는 가장 중요한 것을 구해야 합니다. 그러기 위해서 다른 일을 포기하는 희생까지 감수해야 합니다.

바디매오는 눈을 뜨고자 하는 중대한 소원 앞에 다른 것은 과감히 내어 버리는 용기를 발휘했습니다.
"소경이 겉옷을 내어 버리고 뛰어 일어나 예수께 나아오거늘"(50절).
바디매오는 가장 절박한 문제를 해결하기 위해 겉옷을 내어 버리고 예수께 뛰어갔습니다. 겉옷을 내어 버린 일이 대수롭지 않게 여겨지거든, 바디매오가 거지였다는 사실을 상기하십시오. 어쩌면 이 겉옷은 그의 전재산이었을지도 모릅니다. 그러나 바디매오는 자기의 전재산을 버리고 더 귀한 일을 선택했습니다.

바디매오는 구할 것을 구했습니다. 가장 중요한 것을 구했습니다. 결국 눈을 뜨게 되는 기적으로 바디매오의 소원이 이루어졌습니다. 본문에서 제일 중요한 메시지는 바디매오가 눈을 뜬 다음에 한 행동에 나타나 있습니다.
"예수께서 이르시되 가라 네 믿음이 너를 구원하였느니라 하시니 저가 곧 보게 되어 예수를 길에서 좇으니라"(52절).
그는 길에서 예수님을 좇았습니다. 만일 소경이던 당신이 눈을 떴다면 무슨 일부터 하겠습니까? 바디매오도 눈을 뜨면 보고 싶은 것들이 많았을 것입니다. 하지만 그는 시력을 회복하자마자 예수님을 좇았습니다. 바디매오가 눈을 뜨고 처음 본 사람은 예수님이었을 것입니다. 자기를 고쳐 준 예수님을 평생을 좇아야 할 분으로 첫눈에 알아본 바디매오의 신앙이 놀랍습니다. 그는 하나님의 아들이신 구세주를 바라보는 신앙의 눈을 가졌습니다.

당신은 바디매오와 같이 생애를 걸고 좇아야 할 분으로 예수님을 섬기고 있습니까? 신앙이란 예수님을 따라서 사는 것입니다. 주께서 내 삶의 주인 되심을 인정하며 바디매오처럼 그분을 좇는 삶을 사십시오. 이것이 당신의 삶을 바꿔 놓을 위대한 기적의 출발입니다.

21
열매 없는 무화과나무

마가복음 11장 12 – 14절

"이튿날 저희가 베다니에서 나왔을 때에 예수께서 시장하신지라 멀리서 잎사귀 있는 한 무화과나무를 보시고 혹 그 나무에 무엇이 있을까 하여 가셨더니 가서 보신즉 잎사귀 외에 아무 것도 없더라 이는 무화과의 때가 아님이라 예수께서 나무에게 일러 가라사대 이제부터 영원토록 사람이 네게서 열매를 따먹지 못하리라 하시니 제자들이 이를 듣더라."

마가복음 11장 20 – 23절

"저희가 아침에 지나갈 때에 무화과나무가 뿌리로부터 마른 것을 보고 베드로가 생각이 나서 여짜오되 랍비여 보소서 저주하신 무화과나무가 말랐나이다 예수께서 대답하여 저희에게 이르시되 하나님을 믿으라 내가 진실로 너희에게 이르노니 누구든지 이 산더러 들리어 바다에 던지우라 하며 그 말하는 것이 이룰 줄 믿고 마음에 의심치 아니하면 그대로 되리라."

된 종교란 무엇인가?" 종교 생활과 하나님께서 원하시는 신앙인의 삶은 서로 다를 수 있습니다. 이스라엘 민족은 종교성이 강한 민족이었습니다. 그런데 그들의 삶은 하나님께서 바라시는 삶과 동떨어져 있었습니다.

이스라엘을 대표하는 종교인은 바리새인들이었습니다. 바리새인들은 지나치게 종교 생활을 강조하여 위선자의 모습을 나타내기 일쑤였습니다. 그런 그들을 예수께서 혹독하게 책망하셨으며 심지어 "독사의 자식들"(마 3:7)이라는 표현까지 사용하셨습니다. 이 말씀은 우리가 종교성이 강한 사람이 되어도 여전히 하나님께 버림받을 수 있다는 무서운 사실을 경고합니다. 예수께서 길을 가시다 무화과나무를 저주한 사건이 바로 이 교훈을 위해 사용된 시청각 자료입니다.

참된 종교

본문의 사건은 예수께서 나귀를 타고 군중들의 환영을 받으며 예루살렘에 입성한 바로 다음날 일어났습니다. 군중들은 "호산나"를 외치며 종려나무 가지를 흔들었지만, 그들은 실제로 메시야를 구세주로 환영한 것이 아니라 로마 압제에서 자신들을 해방시킬 정치 혁명가로 보았습니다.

예수께서는 하루를 베다니에서 머무신 다음 다시 예루살렘에 들어오시면서 무화과나무를 보셨습니다. 그분은 열매 없이 잎사귀만 무성한 무화과나무를 저주하셨습니다. 무화과나무는 원래 일 년에 두세 번 수확을 거둘 수 있는 나무인데 특히 유월절을 전후해서 열매를 많이 맺습니다. 잎사귀가 많으면 열매도 많아야 하는데 이 나무는 잎사귀만 무성하고 열매가 없었습니다.

예수께서는 이를 보는 순간 종교성은 강하지만 생명을 잃어버린 예루살렘과 종교 지도자들을 경고하는 데 이 무화과나무를 사용해야겠다고 생각하셨습니다. 무화과나무가 마르는 기적으로 하나님께서 원하시는 바를 그들에게 알리려고 하셨습니다. 결국 예수께서는 참된 종교가 어떤 것인지를 말씀하고 계십니다. 여기서 참된 종교의 특성을 다음 **세 가지**로 살펴보겠습니다.

첫째로, 참된 종교는 외식(外飾)하지 않습니다.

잎사귀는 무성한데 열매가 없었던 무화과나무는 예수님 당시의 이스라엘 종교상을 정확하게 표현한 것이라고 생각합니다. 그 당시 이스라엘의 종교 의식은 대단히 발달해 있었습니다. 그러나 그 안에 생명이 없었습니다. 생명이 없으면 모든 것은 허깨비에 불과합니다.

우리도 교회에서 다양한 행사들에 참여하면서도 하나님과 전혀 상관없는 존재가 될 수 있습니다. 하나님과 개인으로 관계를 맺지 못한다면 생명이 없는 사람입니다. 열매 없는 무화과나무입니다.

외식은 바로 잎사귀만 무성한 것입니다. 잎사귀가 무성하면 당연히 열매가 있어야 하는데 열매 없는 무화과나무를 보십시오. 찬송도 잘하고 기도도 그럴 듯하게 하고 각종 행사에 참여할 수도 있으나 하나님과의 살아 있는 관계가 없는 신앙은 생명이 없고 열매를 맺지 못하는 무화과나무와 방불합니다.

이스라엘 민족은 메시야를 열망하였습니다. 그런데 그 메시야가 오셨을 때 백성들은 그분을 거절했습니다.

"자기 땅에 오매 자기 백성이 영접지 아니하였으나"(요 1:11).

이 사실이 그들의 종교가 참된 종교가 아니라 외식적인 쇼였음을 증거합니다.

둘째로, 참된 종교는 주의 심판을 견딜 수 있어야 합니다.

20절 말씀을 보십시오.

“저희가 아침에 지나갈 때에 무화과나무가 뿌리로부터 마른 것을 보고.”

무화과나무가 뿌리부터 말랐다고 했습니다. 이것은 철저한 심판을 의미합니다. 외식은 절대로 용납할 수 없다는 주님의 의지를 나타낸 일입니다. 참으로 두려운 일이 아닐 수 없습니다. “돌 하나도 돌 위에 남지 않고 다 무너뜨리우리라”(마 24:2)는 예언이 A.D. 70년 로마 침공으로 이루어졌습니다. 그때 예루살렘에서 무려 335만 명이 전사했고 9만 7천 명이 포로가 되고 말씀 그대로 돌 위에 돌 하나 남지 아니하고 성전은 깨끗이 무너졌습니다. 다만 서쪽에 벽이 조금 남았는데 그것이 현재 “통곡의 벽”입니다.

이것은 심판의 한 면에 불과합니다. 그들은 마지막 심판대 앞에 다시 서게 될 것입니다. 잎사귀가 많았다는 것은 열매가 없으면서도 있는 체한 것입니다. 하나님을 향한 신앙이 없으면서 있는 척한 것입니다. 이것이 외식입니다. 예수께서 장차 양인 체하면서 양 무리에 섞여 있던 염소를 구별해 내실 것입니다. 참된 종교는 이 심판에서 양으로 인정받아야 합니다.

셋째로, 참된 종교는 내용 있는 신앙 생활을 요구합니다.
예수께서 요구하시는 진정한 신앙 생활은 무엇입니까?

첫째, 기도하는 삶입니다. 기도는 하나님과의 교통입니다. 하나님께서 창조주이시고 우리가 피조물이라면 그분과 교통 없이 살 수 없습니다. 기도는 진정한 신앙 생활의 핵심입니다. 당신의 신앙 생활을 검토하는 좋은 방법은 “내 삶에 기도가 살아 있는가”를 살펴보는 일입니다. 하나님과의 교제가 끊이지 않는가를 항상 점검하십시오. 그리스도인의 신앙이 지향하는 삶은 진실로 하나님을 사랑하고 늘 하나님과 교통하는 삶입니다.

둘째, 믿음의 삶입니다. 어떤 이는 기도 응답이 없어 기도 생활을 소홀히 한다는 이들도 있습니다. 이에 대한 예수님의 말씀은 믿음이 없기 때문이라는 것입니다. 22, 23절 말씀을 보십시오.
"예수께서 대답하여 저희에게 이르시되 하나님을 믿으라 내가 진실로 너희에게 이르노니 누구든지 이 산더러 들리어 바다에 던지우라 하며 그 말하는 것이 이룰 줄 믿고 마음에 의심치 아니하면 그대로 되리라."
믿음은 그리스도인의 신앙 생활에 필수 요소입니다. 믿고 구할 때 응답이 있다고 예수께서 말씀하십니다.
"그러므로 내가 너희에게 말하노니 무엇이든지 기도하고 구하는 것은 받은 줄로 믿으라 그리하면 너희에게 그대로 되리라"(24절).
믿음 가운데 기도하는 삶이 진정 그리스도인에게 필요한 신앙 자세입니다.

셋째, 용서하는 삶입니다. 25절 말씀을 보십시오.
"서서 기도할 때에 아무에게나 혐의가 있거든 용서하라 그리하여야 하늘에 계신 너희 아버지도 너희의 허물을 사하여 주시리라."
아무리 믿음으로 기도해도 응답이 없을 때가 있습니다. 그것은 인간 관계가 잘못된 데서 오는 결과입니다. 우리가 형제와 화목할 때까지 하나님께서 기다리십니다. 당신이 참으로 기도 응답을 원한다면 서로 등지고 있는 형제를 용서해야 합니다. 이웃과 올바른 관계를 맺은 후 진실로 하나님을 신뢰하고 그분께 당신의 소원을 아뢸 때 믿음대로 이루어질 것입니다. 이것이 진정한 신앙인의 삶입니다.

무화과나무가 마르는 기적은 참된 신앙 생활을 가르침과 동시에 우리의 신앙이 잘못되었을 때 나타날 수 있는 외식에 대해

신랄하게 경고해 주었습니다. 당신의 신앙은 어떠한지, 외식하는 바리새인과 같지는 않은지 이 시간 자신을 돌아보기 바랍니다. 열매가 없는 신앙은 하나님의 진노하시는 심판을 면치 못한다는 사실을 명심하십시오.

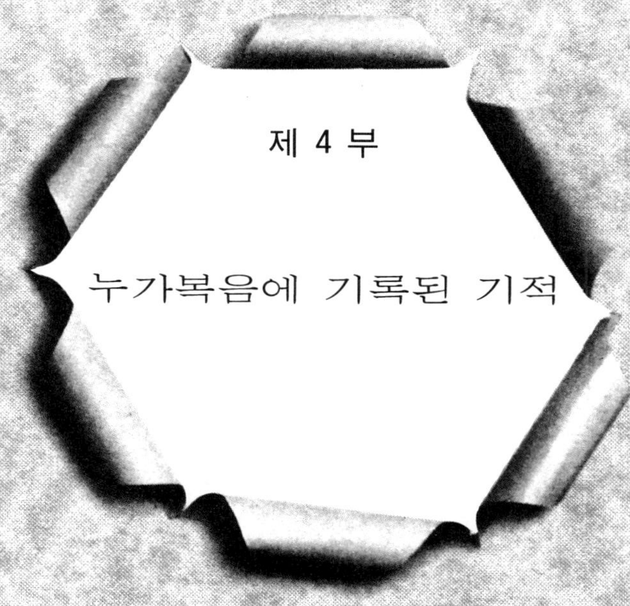

제 4 부

누가복음에 기록된 기적

22

말씀에 의지하여

누가복음 5장 1-11절

"무리가 옹위하여 하나님의 말씀을 들을새 예수는 게네사렛 호숫가에 서서 호숫가에 두 배가 있는 것을 보시니 어부들은 배에서 나와서 그물을 씻는지라 예수께서 한 배에 오르시니 그 배는 시몬의 배라 육지에서 조금 띄기를 청하시고 앉으사 배에서 무리를 가르치시더니 말씀을 마치시고 시몬에게 이르시되 깊은 데로 가서 그물을 내려 고기를 잡으라 시몬이 대답하여 가로되 선생이여 우리들이 밤이 맞도록 수고를 하였으되 얻은 것이 없지마는 말씀에 의지하여 내가 그물을 내리리이다 하고 그리한즉 고기를 에운 것이 심히 많아 그물이 찢어지는지라 이에 다른 배에 있는 동무를 손짓하여 와서 도와달라 하니 저희가 와서 두 배에 채우매 잠기게 되었더라 시몬 베드로가 이를 보고 예수의 무릎 아래 엎드려 가로되 주여 나를 떠나소서 나는 죄인이로소이다 하니 이는 자기와 및 함께 있는 모든 사람이 고기 잡힌 것을 인하여 놀라고 세베대의 아들로서 시몬의 동업자인 야고보와 요한도 놀랐음이라 예수께서 시몬에게 일러 가라사대 무서워 말라 이제 후로는 네가 사람을 취하리라 하시니 저희가 배들을 육지에 대고 모든 것을 버려 두고 예수를 좇으니라."

그리스도인은 신앙을 갖게 된 동기에 따라 크게 두 부류로 나눌 수 있습니다. 하나는 어릴 때부터 부모의 신앙에 따라 예수를 믿게 된 사람이 있고, 다른 하나는 어떤 사건이나 계기를 통해 교회에 나오게 된 경우가 있습니다. 후자(後者)의 경우, 어떤 동기로 신앙을 갖게 되었느냐고 묻는다면, 많은 사람이 역경에 처했을 때 하나님의 도우심을 구한 것이 신앙의 전기가 되었다고 대답할 것입니다.

인생에서 실패나 고난을 겪으면서 신앙을 얻게 된 이들이 참 많습니다. 죽을 병에 걸려서, 사업에 실패해서, 자녀 문제로 고민하던 중에, 직장 문제 때문에, 그 밖에 여러 가지 환란을 당하면서 하나님의 도우심을 바라고 문제를 해결하기 위해 교회에 출석하게 되는 경우가 그 보기들입니다. 실패가 없었다면 결코 하나님을 의지하지 못했을 사람들이 많이 있습니다. 그래서 한 설교가는 "실패란 인간의 한계를 인식시켜 주는 하나님의 은혜이다"라는 말을 하기도 했습니다. 실패는 우리를 신앙으로 인도하는 첩경이라고도 할 수 있습니다. 그런 의미에서 "실패는 신앙의 어머니!"라는 새로운 속담을 창조해도 좋을 듯합니다.

분문에 등장하는 베드로는 실패를 경험하고 예수님을 만났습니다. 어부들은 밤새도록 고기를 잡았지만 한 마리도 얻지 못해서 그 날의 고기잡이를 포기하고 그물을 씻고 있었습니다. 그때 나사렛 출신의 목수인 예수께서 베드로에게 다가가셨습니다. 베드로가 예수님의 말씀에 따라, 어부들에게는 상식 밖의 행동인 한낮에 깊은 데 그물을 내릴 수 있었던 것은 실패를 겪은 후이기 때문에 가능했던 일입니다.

"성공의 위기는 자만이지만 실패의 은총은 겸손이다"라는 말이 있습니다. 우리가 성공했을 때, 자연히 우리의 초점은 자기 자신에게로 쏠리게 마련입니다. 우리는 거의 본능적으로 성공을 이룬 자기 자신을 과시합니다. 여기 성공의 위기가 있습니다. 성공이 우리를 자만으로 인도할 때 그 성공은 우리 인생을 망치는 결과를 낳습니다.

반대로 비록 실패했지만 그 실패가 하나님 앞에 겸손하게 엎드리는 기회가 된다면 실패는 은총일 수 있습니다. 베드로가 이런 경우였습니다.

실패에서 얻은 믿음

베드로와 예수님은 초면이 아니었습니다. 침례(세례) 요한을 좇던 안드레가 예수님을 따르면서 베드로를 예수께 소개했습니다(요 1:40−42 참조). 그때 베드로는 "게바"라는 새 이름도 얻었습니다.

그물을 씻고 있는 베드로에게 예수께서 깊은 데로 가서 고기를 잡으라고 명하셨을 때, 베드로는 도무지 이 말씀을 수락할 수 없었을 것입니다. 그러나 실패를 경험한 후였기에 베드로는 예수님의 말씀에 순종하는 일이 밑져야 본전이라는 마음이 들었을지 모릅니다. 베드로는 주님의 "말씀에 의지하여 내가 그물을 내리리이다"(5절)라고 응답했습니다.

베드로는 여러 해 동안 익힌 어부의 감각으로 고기잡이를 했습니다. 그는 고기잡이에 관한 한 풍부한 상식을 가지고 있었습니다. 그는 인생도 이런 상식에 따라 살고 있었을 것입니다. 우리도 상식을 벗어난 삶을 살지는 못합니다. 경험에서 얻은 지혜를 바탕으로 하여 일 처리를 하고 그 판단을 믿으며 사는 것이 전부입니다.

그런데 베드로는 이 상식이 맞지 않는 실패를 체험했습니다. 경험과 상식이 무너져 버린 날, 베드로는 주님의 말씀에 새로운 희망을 걸었습니다. 상식 밖의 행동이었지만 주님의 말씀에 순종하여 그물을 깊은 곳에 던졌습니다.

베드로가 그물을 깊은 곳에 내렸을 때 예상치 않았던 일이 일어났습니다. 그물이 찢어지도록 고기가 많이 잡혔습니다. "그리한즉 고기를 에운 것이 심히 많아 그물이 찢어지는지라"(6절).
이 순간 베드로를 지배하던 상식이 자리를 잃었습니다. 베드로의 자아(自我)가 깨졌습니다.
이스라엘 백성들은 죄를 회개할 때 옷을 찢었습니다. 그물이 찢어질 때 베드로의 마음도 찢어졌습니다. 하나님 앞에서 그가 가지고 있던 교만이 깨졌습니다. 8절 말씀을 보면 회개의 순간에 베드로는 두 가지 놀라운 진리를 깨닫습니다.
"시몬 베드로가 이를 보고 예수의 무릎 아래 엎드려 가로되 주여 나를 떠나소서 나는 죄인이로소이다 하니."

첫째로, 예수께서 하나님이심을 깨닫습니다.
갈릴리 바다에서 잔뼈가 굵은 어부 베드로의 상식을 깨뜨리고 기적과 같은 일을 행한 목수, 그분은 베드로보다 바다를 더 잘 알고 있었습니다. 그분은 전지하신 하나님이었습니다. 그 하나님은 모든 것을 알고 있을 뿐만 아니라 모든 피조물을 자신의 주권대로 움직이십니다. 자연의 법칙으로는 불가능한 일을 행하시는 예수님의 기적을 목격한 베드로는 예수께서 전지 전능한 하나님이심을 깨닫고 그분 앞에 엎드렸습니다. 이것이 신앙 고백의 가장 놀라운 핵심입니다. 예수께서 하나님이심을 알지 못하면 그리스도인이라고 할 수 없습니다.

둘째로, 자신이 죄인임을 깨닫습니다.
고기가 많이 잡힌 것과 자신이 죄인임을 고백하는 것 사이에는 연관성이 있습니다. 예수께서 하나님이심을 깨닫게 되면 동시에 자신이 죄인임을 시인하게 되기 때문입니다. 하나님 앞에서 우리가 숨길 수 있는 것은 아무 것도 없습니다. 우주 만물을 다스리는 분이 우리를 속속들이 알고 계시므로 우리는 자신이 죄인임을 고백할 수밖에 없습니다. 우리의 교만과 죄 된 성품을 주께 털어놓고 회개의 눈물을 흘리게 됩니다. 주님 앞에 무릎 꿇게 됩니다.

변화된 삶

베드로가 예수께서 하나님이심과 자신이 죄인임을 깨달았을 때, 예수께서 그에게 사명을 주십니다.
"이제 후로는 네가 사람을 취하리라"(10절).
베드로를 부르시고 인도하시는 놀라운 하나님의 음성을 들어 보십시오. 말씀에 의지하여 새로운 삶을 살기로 결심한 그 순간부터 베드로는 하나님의 은혜 아래 거하게 되었습니다. **인간의 경험과 지혜가 보잘것없음을 느끼면서 "말씀에 의지하여" 행동했을 때 우리 삶이 변화됩니다. 우리의 주관과 생각대로 살던 삶이 하나님의 영광을 위하여 사용됩니다. 버림받은 죄인들을 사랑하며 그들을 예수께로 인도하여 변화시키는 영혼 구원의 사역에 동참하게 됩니다.** 물고기를 잡던 어부에서 사람들을 생명 길로 인도하는 주님의 일꾼이 됩니다.

하나님의 말씀대로 사는 것은 때때로 수고스럽고 주위 사람들의 조롱을 받을 수도 있는 일입니다. 그러나 말씀에 의지하여 살 때 주님의 인도하심 가운데 의미 있는 삶을 살 수 있습니다. 예수님의 부르심을 받은 베드로와 그의 동업자들은 즉시 주님을 따르기로 결정합니다.
"모든 것을 버려 두고 예수를 좇으니라"(11절).
이것이 그리스도인의 생활 태도입니다. 말씀을 깨닫고 주님이 부르시는 음성을 들었을 때, 자신을 의지하고 교만하게 살았던 생활을 청산하고 주님을 좇아가는 신앙의 결단을 내려야 합니다.

예수께서 지금 당신을 부르고 계십니다. 본문에 나타난 기적은 비단 고기를 잡는 기적일 뿐만 아니라 한 인간의 삶을 바꾸는 위대한 기적입니다. 하나님이 기뻐하시는 영광스러운 사역을 감당하는, 차원 높은 삶의 변화를 요구하는 기적입니다. 인생의 방향 전환을 일으킨 놀라운 기적입니다. 당산도 이 기적을 체험하기 바랍니다.

23

청년아 일어나라

누가복음 7장 11—17절

"그 후에 예수께서 나인이란 성으로 가실새 제자와 허다한 무리가
동행하더니 성문에 가까이 오실 때에 사람들이 한 죽은 자를 메고
나오니 이는 그 어미의 독자요 어미는 과부라 그 성의 많은 사람도
그와 함께 나오거늘 주께서 과부를 보시고 불쌍히 여기사 울지 말
라 하시고 가까이 오사 그 관에 손을 대시니 멘 자들이 서는지라
예수께서 가라사대 청년아 내가 네게 말하노니 일어나라 하시매 죽
었던 자가 일어앉고 말도 하거늘 예수께서 그를 어미에게 주신대
모든 사람이 두려워하며 하나님께 영광을 돌려 가로되 큰 선지자가
우리 가운데 일어나셨다 하고 또 하나님께서 자기 백성을 돌아보셨
다 하더라 예수께 대한 이 소문이 온 유대와 사방에 두루 퍼지니
라."

죽음은 공평합니다. 죽음은 모든 사람에게 찾아옵니다. 세상에 태어나는 데는 순서가 있지만 세상을 떠나는 데는 순서가 없는 듯합니다. 보통은 나이 들어 수명을 다하고 죽지만 누구나 불의의 사고로 죽음을 맞이할 수 있습니다. 남녀노소를 불문하고 죽음 앞에는 무력합니다.

복음서에는 예수께서 죽은 사람을 살리는 부활의 기적을 일으키신 기사가 기록되어 있습니다. 영혼이 그 육체를 떠났다가 예수님의 역사하심으로 소생한 경우는 세 번 있었습니다. 회당장 야이로의 어린 딸(막 5:21−43 / 눅 8:49−56)과 본문에 언급된 나인 성 과부의 아들, 그리고 마리아와 마르다의 오라비 나사로 (요 11:1−44)가 그들입니다. 어린아이도 청년도 장년도 모두 죽음의 대상이 된 것을 볼 수 있습니다.

예수께서 이 세 사람을 살리신 사건을 통해, 죽음이 누구에게나 찾아오듯이 부활도 주 예수를 믿는 자에게 다 해당됨을 보여 주십니다. 예수 그리스도는 모든 세대의 사람들에게 소망이 되십니다.

부활의 은총을 주신 이유

세 가지 부활의 기적 가운데 특별히 나인 성 과부 아들의 부활 사건을 살펴보면서 예수께서 부활의 기적을 베푸신 까닭을 연구해 봅시다. 저는 예수께서 죽은 자를 살리신 이유를 네 가지로 정리하였습니다.

첫째로, 예수께서 이 땅에 오신 목적을 알리기 위해서입니다. 하나님의 아들이 사람의 아들이 되어 이 땅에 오신 이유는 잃어버린 자를 찾아 구원하기 위해서입니다. 예수께서는 인간을 죄에서 구원하시려고 이 낮고 천한 세상에 오셨습니다. 죄는 인간을 죽음에 이르게 합니다. 그러므로 우리가 죄에서 구원을 얻을 때 사망의 문제도 해결됩니다. 하나님께서 자신의 아들 예수 그리스도를 믿는 자에게 영생과 하나님의 자녀가 되는 권세를 준다고 하셨습니다.

우리 모두 언젠가는 죽습니다. 하지만 예수께서 이 땅에 다시 오실 때 부활의 몸을 입게 됩니다.

인간은 누구나 죽음에 대한 공포를 갖고 있습니다. 죽음은 가장 보편적인 인간의 두려움입니다. 인간은 죽음을 무서워하므로 사망의 세력에 종 노릇 하며 삽니다. 그런데 예수께서 우리 믿는 자들에게 부활을 약속하셨습니다. 이제 우리는 사망의 권세에서 자유를 얻었습니다. 부활이 정말 확실하고 정말 가능한 것이라면, 부활이 분명히 있다는 사실을 우리가 믿는다면, 죽음은 안식입니다.

본문에는 두 개의 행렬이 지나가고 있습니다. 장례 행렬과 예수님의 행렬입니다. 11절에 보면 예수님을 따르던 행렬과 장례 행렬이 마주쳤습니다. 이 극적인 장면은 인류의 역사에서 계속되고 있습니다.

인간의 행렬은 결국 장례 행렬입니다. 인간은 모두 죽음을 향해 가고 있습니다. 그러나 죽음의 행렬과 만난 예수님의 행렬은 생명의 행렬입니다. 예수께서 "나는 부활이요 생명이니 나를 믿는 자는 죽어도 살겠고"(요 11:25)라고 말씀하셨습니다. 이 생명의 행렬은 장례 행렬의 슬픔을 기쁨으로 바꾸었습니다. 나인성 과부의 아들을 다시 살리신 이유는 예수께서 이 땅에 오신 중요한 사명을 알리기 위해서입니다.

둘째로, 사랑하는 사람들을 다시 만날 수 있게 하기 위해서입니다.

사랑이 부활의 은총을 맛볼 수 있게 했습니다. 13절 말씀을 보십시오.

"주께서 과부를 보시고 불쌍히 여기사 울지 말라 하시고."

죽은 청년은 과부의 아들이었습니다. 과부와 외아들의 관계는 남달리 더 끈끈하고 애틋한 정을 나누는 관계입니다. 인생을 외롭게 사는 과부 여인은 단 하나밖에 없는 아들을 금지옥엽(金枝玉葉)으로 여겼을 것입니다. 그런데 그 아들이 죽었습니다. 이보다 더 큰 슬픔과 절망이 어디 있겠습니까?

예수께서 그 상황을 알고 과부를 불쌍히 여기셨습니다. 그 아들을 살려 내어 어머니에게 돌려 주셨습니다. 그래서 그 어머니와 아들은 다시 만났습니다.

죽음이 우리를 슬프게 하는 이유는 죽음으로 우리와 세상을 떠난 사람의 관계가 단절되기 때문입니다. 다시 만날 수 없고 함께 있지 못하기 때문입니다.

그러나 부활은 재회의 기쁨을 나누게 합니다. 외아들을 살리시어 과부에게 돌려 주시며 다시 만나게 하신 은총은 장차 우리에게 일어날 일을 예증합니다. 부활의 환희는 사랑하는 사람들을 다시 만나는 데 있습니다.

데살로니가전서 4장 13절 말씀을 보십시오.

"형제들아 자는 자들에 관하여는 너희가 알지 못함을 우리가 원치 아니하노니 이는 소망 없는 다른 이와 같이 슬퍼하지 않게 하려 함이라."

불신자들은 "소망 없는 자들"입니다. 죽음으로 영영 이별입니다. 그러나 그리스도인들은 "우리가 예수의 죽었다가 다시 사심을 믿을진대 이와 같이 예수 안에서 자는 자들도 하나님이 저와 함께 데리고 오시리라"(살전 4:14)는 말씀대로 주께서 다시 오시는 날 우리보다 먼저 세상을 떠난 사람도 만나게 됩니다. 부활은 우리가 사랑했던 모든 사람들과 다시 만나는 사건입니다. 그날의 감격과 흥분을 상상해 보십시오. 주께서 우리에게 부활의 은총을 주시는 이유는 우리가 사랑하는 사람들을 다시 만날 수 있도록 하기 위함입니다.

셋째로, 그리스도의 부활의 능력을 계시하기 위해서입니다.
"청년아 내가 네게 말하노니 일어나라"(14절).
하나님께서 천지 만물을 창조하실 때도 말씀으로 모든 일을 하셨습니다(창 1장). 말씀으로 무(無)에서 유(有)를 창조하셨습니다.

우리는 사랑하는 사람이 죽으면 그것으로 모든 것이 끝이라고 생각합니다. 그러나 말씀으로 우주를 창조하신 하나님께서 동일한 말씀의 능력으로 사람들을 다시 살릴 수 있지 않겠습니까?

요한복음 5장 25-29절 말씀을 보십시오.
"진실로 진실로 너희에게 이르노니 죽은 자들이 하나님의 아들의 음성을 들을 때가 오나니 곧 이때라 듣는 자는 살아나리라 아버지께서 자기 속에 생명이 있음같이 아들에게도 생명을 주어 그 속에 있게 하셨고 또 인자(人子)됨을 인하여 심판하는 권세를 주셨느니라 이를 기이히 여기지 말라 무덤 속에 있는 자가 다 그의 음성을 들을 때가 오나니 선한 일을 행한 자는 생명의 부활로, 악한 일을 행한 자는 심판의 부활로 나오리라."
죽은 자들이 주님의 음성을 듣고 다시 산다고 했습니다. 이 음성은 명령의 말씀입니다. 그 본보기가 되는 것이 나사로의 부활 사건입니다. 예수께서 "나사로야 나오라"(요 11:43)고 말씀하시자 나사로가 살아났습니다. 그때 주님이 나사로의 이름을 부르지 않으셨다면 모든 시체가 다 일어나 나왔을 것입니다. 우리는 마지막 날에 동일한 말씀의 권세로 죽은 자들을 다시 살리시는 하나님의 능력을 보게 될 것입니다.

넷째로, 부활의 능력으로 살아가는 삶의 가능성을 보이기 위해서입니다.

청년이 다시 살아남으로써 하나님께는 영광이 되고 그리스도께는 능력을 드러내는 기회가 되었습니다.

"모든 사람이 두려워하며 하나님께 영광을 돌려 가로되 큰 선지자가 우리 가운데 일어나셨다 하고 또 하나님께서 자기 백성을 돌아보셨다 하더라"(16절).

성경은 예수께서 재림하실 때 일어날 부활의 소망만 강조하지 않습니다. 장차 죽은 자를 살리실 그 부활의 능력을 지금 우리가 누릴 수 있음을 지적하고 있습니다.

에베소서 1장 18-20절 말씀을 보십시오.

"너희 마음 눈을 밝히사 그의 부르심의 소망이 무엇이며 성도 안에서 그 기업의 영광의 풍성이 무엇이며 그의 힘의 강력으로 역사하심을 따라 믿는 우리에게 베푸신 능력의 지극히 크심이 어떤 것을 너희로 알게 하시기를 구하노라 그 능력이 그리스도 안에서 역사하사 죽은 자들 가운데서 다시 살리시고 하늘에서 자기의 오른 편에 앉히사."

예수님을 죽은 자 가운데서 살리신 부활의 능력을 소유하신 하나님께서 우리가 부활의 권세와 능력을 가지고 하루하루를 살아가게 하십니다.

빌립보서 3장 10절에 바울의 소망이 기록되어 있습니다.

"내가 그리스도와 그 부활의 권능과 그 고난에 참예함을 알려 하여 그의 죽으심을 본받아."

바울은 그리스도와 부활의 권능을 알기 원했습니다. 죽은 자 가운데서 예수님을 살린 하나님의 능력은 대단히 위대합니다. 우리는 그 부활의 위대한 능력을 소유한 분을 믿고 있으므로 우리가 주님의 이름으로 기도할 때나 하나님의 말씀을 따를 때 그분의 권능을 의지할 수 있습니다. 늘 승리하며 살 수 있습니다. 우리는 십자가 고난 너머에 있는 부활의 능력과 영광을 간과하면 안 됩니다. 그런데 우리는 때때로 십자가만을 생각하는지, 세상의 온갖 고뇌를 다 짊어진 듯 어둡고 우울한 표정으로 살아갑니다.

당신은 예수께서 다시 사셨다는 사실을 잊어버리고 잊지 않습니까? 부활하신 주님, 살아 계신 주님이 늘 당신 곁에 계시다는 사실을 믿는다면 날마다의 삶이 힘차고 복될 것입니다.

나인 성 과부의 아들은 다시 살아났을 때 기뻐하며 하나님께 영광을 돌리고 예수님을 증거하며 살았을 것입니다. 육체의 부활은 장차 올 것이지만 우리는 이미 영적인 부활의 능력을 지금 이 땅에서 소유하며 믿음과 소망 가운데 살 수 있습니다.

24

더욱 위대한 기적

누가복음 17장 11－19절

"예수께서 예루살렘으로 가실 때에 사마리아와 갈릴리 사이로 지나
가시다가 한 촌에 들어가시니 문둥병자 열 명이 예수를 만나 멀리
서서 소리를 높여 가로되 예수 선생님이여 우리를 긍휼히 여기소서
하거늘 보시고 가라사대 가서 제사장들에게 너희 몸을 보이라 하셨
더니 저희가 가다가 깨끗함을 받은지라 그 중에 하나가 자기의 나
은 것을 보고 큰 소리로 하나님께 영광을 돌리며 돌아와 예수의 발
아래 엎드리어 사례하니 저는 사마리아인이라 예수께서 대답하여
가라사대 열 사람이 다 깨끗함을 받지 아니하였느냐 그 아홉은 어
디 있느냐 이 이방인 외에는 하나님께 영광을 돌리러 돌아온 자가
없느냐 하시고 그에게 이르시되 일어나 가라 네 믿음이 너를 구원
하였느니라 하시더라."

우리가 잘 아는 열 명의 문둥병자 기사가 본문에 언급되어 있습니다. 본문에는 문둥병의 치유보다 위대한 교훈이 담겨 있습니다. 기적은 흔하지 않은 사건이기 때문에 기적입니다. 열 명의 문둥병자가 예수님을 만나 깨끗하게 치료를 받는 것도 기적입니다. 이 기적은 특별한 한 사람에게만 나타난 것이 아니라 열 명 모두에게 나타났습니다. 열 사람 모두 주님의 보편 은총에 참여하였습니다. 다시 말하면 이 사건에서는 열 명의 문둥병자가 치료받은 일을 기적으로 부각시키고 있지 않다는 사실입니다.

본문에 나타난 진정한 기적은 무엇입니까? 흔하지 않게 일어났던 기적, 그것은 치유의 사건이 아니라 감사의 사건입니다. 감사가 더욱 위대한 기적이었습니다. 치료받은 열 명의 문둥병자 중에서 한 사람만 돌아와 예수님의 발 아래 엎드려 경배했습니다. 성경은 감사 그 자체만을 가르치고 있는 것이 아니라 이 사람이 감사했던 그 독특한 상황과 감사의 성격을 중요하게 부각하고 있습니다.

감사는 우선적 결단이다

14절에 보면, 예수께서는 "가서 제사장들에게 너희 몸을 보이라"고 말씀하십니다. 이 명령을 따라 열 명의 문둥병자들이 제사장에게 그 몸을 보이러 가던 도중 깨끗함을 받았습니다. 그런데 그 중 한 사람이 자기의 나은 것을 보고 돌아와 주님의 발 앞에 엎드려 감사하였습니다. 이 문둥병자는 감사를 그가 해야 할 가장 중요한 일로 여겼습니다. 자신을 깨끗하게 하신 그분의 은혜를 당장 감사하지 않고는 견딜 수 없는 심정이 되어 혼자 가던 길을 되돌아왔습니다. 가서 제사장에게 몸을 보이고 그 다음에 감사하는 것도 얼마든지 가능한 일입니다. 그런데 그렇게 하지 않았습니다. 당장 해야 할 일, 가장 먼저 해야 할 일은 감사라고 생각했습니다.

예수께서 문둥병자들을 치료하시면서 제사장에게 몸을 보이라고 한 것은 정결 의례상 필요한 조치였습니다. 당시의 제사장들은 단순한 종교 기능만을 수행하는 사람들이 아니라 사회 정치 면에서도 지도자였습니다. 문둥병자들은 일반 사회에서 살 권리가 없었습니다. 모두 성 밖으로 쫓겨나 어두운 동굴 등지에서 사회와는 완전히 격리된, 소외된 삶을 살았습니다. 그들이 사회로 돌아와 다른 사람과 어울려 다시 정상적인 삶을 살기 위해서는, 제사장이 몸이 깨끗해졌음을 선언해야만 했습니다. 이것은 문둥병자들의 일생 소원이라 할 수 있습니다.

이제 깨끗함을 얻은 문둥병자는 제사장에게 가서 자기 몸을 보이고 사랑하는 친구들을 만나서 자신의 몸이 정상이 되었음을 알리고 싶었을 것입니다. 그런데 오직 한 사람만 감사를 우선으로 여겨 예수께 돌아왔습니다.

구약성경에서는 하나님의 백성들이 지켜야 할 태도로 감사를 첫번째로 가르치고 있습니다. 예를 들어 구약 시대의 이스라엘 백성들은 추수를 하게 되면 첫 열매를 주께 바쳐야 합니다. 남은 것을 드리는 것이 아니라 흠 없고 가장 좋은 것으로 드리는 것이 감사입니다.

우리는 하나님 앞에 빚진 자로서 하나님께 감사하며 사는 삶을 가장 중요시해야 합니다. 예수께 돌아온 문둥병자는 감사하다는 마음이 들자 즉시 행동으로 옮겼습니다. 우리는 마음에 성령의 감동이 있을 때, 하나님의 은혜를 확인한 그 순간, 지체하지 아니하고 즉시 감사를 드릴 수 있었던 이 문둥병자의 소중한 마음을 본받아야겠습니다.

감사는 겸손한 결단이다

겸손하지 않고는 감사할 수 없습니다. 15절을 보십시오.
"그 중에 하나가 자기의 나은 것을 보고 큰 소리로 하나님께 영광을 돌리며 돌아와."
이 문둥병자는 큰 소리로 영광을 돌렸습니다. 혹시 당신은 이웃에게 도움을 주었는데, 그가 은혜를 감사하지 않고 모른 척하고 살아가는 모습을 보며 심히 속상했던 기억이 있습니까? 어떤 사람에게 은혜를 입고 살면서도 전혀 그렇지 않은 듯 사는 이들은 누구에게 도움을 받고 산다는 사실을 알리기 싫어하는 자존심을 갖고 있습니다. 본문에서 감사하지 않았던 아홉 명의 문둥병자들에게도 자존심의 문제가 있었을 것입니다.

예수께 감사했던 한 사람은 사마리아인이었습니다(16절).
"이 이방인 외에는 하나님께 영광을 돌리러 돌아온 자가 없느냐"(18절).
유대인들이 그렇게도 천시하고 멸시하던 사마리아인이 예수께 감사를 드렸습니다. 이 사람은 이방인이라고 무시받던 사람이었기 때문에 은혜를 은혜로 알 수 있는 안목이 있었을지 모릅니다. 그의 처지가 그를 겸손하게 만들었다면 이방인인 사실이 그에게 축복이 된 것입니다. 우리는 불필요한 자존심, 병든 자존심 때문에 은혜를 받고도 그 사실을 인정하지 않으려는 아홉 명의 유대인 문둥병자를 우리 주위에서도 종종 볼 수 있습니다.

어떤 설교가가 말하기를, 사람들이 은혜에 반응하는 모습은 비루한 사람, 평범한 사람, 고상한 사람, 이 세 부류로 나뉜다고 했습니다. 첫째, 비루한 사람이란 은혜를 원수로 갚는 사람이고, 둘째, 평범한 사람이란 은혜를 망각하는 사람, 셋째, 고상한 사람은 은혜를 감사할 줄 아는 사람입니다.

내가 누구에게 은혜를 입었다는 사실이 속상하여, 그 열등감과 자존심을 감추기 위해 누군가가 나를 도와준 것을 당연한 일로 치는 사람들이 있습니다. 심지어 자신을 도운 사람을 비방하는 못된 심성을 드러내기도 합니다. 마침내 이 은혜를 원수로 갚습니다. 그리고 많은 사람들이 은혜를 망각합니다.

그러나 여기, 받은 은혜를 즉각적으로 감사하기 원했던 사람, 마음에서 감사가 사라지기 전에 주님의 발 아래 엎드려 감사했던 사람이 있습니다. 이것은 겸손한 결단입니다. **겸손은 그가 감사했다는 사실보다 더 소중하게 여겨야 할 미덕입니다. 당신이 감사를 잊고 살아가는 사람이라면, 혹시 의식의 밑바닥에 이 치사한 자존심의 뿌리가 남아 있는가를 살펴보십시오.**

감사는 고독한 결단이다

한 문화 비평가는 오늘의 문화를 "군중 심리의 문화"라고 지적했습니다. 개성이 없고 소신이 없고 확신이 없는 시대가 되었다는 말입니다. 이것은 다분히 방송 매체의 영향일 것입니다. 자기의 삶이 없습니다. 남이 살아가는 대로 삽니다. 남들이 하는 대로 따라 합니다. 우리 자녀들이 잘못되는 가장 큰 원인도 나쁜 친구들의 영향에 노출되어 있는 데 있습니다.

본문의 아홉 명의 문둥병자는 감사하기를 거부했습니다. "예수께 돌아가자면 시간 낭비도 될 뿐더러 빈 손으로 갈 수도 없을 테고, 또 우리가 나을 때가 되어서 회복된 것인지 몰라"라고 합의를 보았던 모양입니다.

감사하지 않은 아홉 명이 볼 때 한 사람의 사마리아인은 무지하고 어리석은 인간으로 간주될 수 있습니다. 오늘날 같이 자기만 알고 물질 위주인 사회에서 이 사람의 감사는 전혀 의미 없는 것일 수 있습니다. 그러나 사마리아인은 "남들이 어떻게 하느냐"가 자기 삶의 중요한 관심이 아니었습니다. "내가 어떻게 해야 하는가"가 더 중요했습니다. 그는 홀로 자기가 가야 할 삶을 살기로 결정합니다. 다른 사람이 안 하는 일이라고 해서 같이 게으름 피우지 않습니다. 다른 사람의 신앙 생활이 형편없으니까 덩달아 대충대충 살겠다는 생각을 하지 않습니다. "하나님이 나에게 무엇을 요구하시는가"가 더 중요해야 합니다. "내 신앙의 모습이 어떠한가"를 생각해야 합니다. 누가 어떻게 하느냐가 중요한 것이 아닙니다. 그런 의미에서 이 문둥병자는 자기의 삶이 확고했던 사람이고 자기 삶에 성실했던 사람입니다.

예수께서 "그 아홉은 어디 있느냐?"(17절)고 물으셨을 때 저 같으면 이런 대답을 했을 것입니다.
『그 녀석들은 감사도 잊어버리고 저희들끼리 다 사라져 버렸습니다.』
그러나 이 사람은 주님의 질문에 침묵을 지키고 있습니다. 그들이 어떻게 행동하든 그것은 중요하지 않습니다. 그는 자신이 해야 할 일에 성실했습니다.

현대인의 비극은 자기의 삶이 없다는 것입니다. 남들 눈치 보면서 체면 때문에 이런 저런 행동을 합니다. 신앙 생활도 체면 유지용으로 겨우 교회만 다닙니다. 자기 자신의 삶을 살지 않기 때문에 그러한 결과가 생깁니다. 내가 아니라 다른 사람을 위해서 살고 있는 것입니다.

당신에게 주님의 은혜가 임하여 모든 삶이 새로워졌습니다. 이때 다른 사람이 어떻게 하느냐는 상관하지 마십시오. 당신의 행동이 지나치게 광신적이라고 평가받을까봐 두려워하지 마십시오. **중요한 점은 당신이 하나님 앞에 얼마나 진지하게 설 수 있느냐입니다. 본문의 이방인 문둥병자는 자기가 해야 할 도리를 성실히**

수행하였습니다. 이것은 고독한 결단이었습니다. 다른 아홉 사람은 그렇게 하지 않았으나 혼자 과단성 있게 행동하였습니다.

초대 교부(敎父) 가운데 크리소스톰이라는 교부가 있었습니다. 이 사람의 헌신은 대단히 철저했습니다. 어느 날 친구들이 와서 크리소스톰에게 이렇게 경고했습니다.
"그렇게 살다가는 이 세상에 적응하지 못한다네. 온 세상이 그대를 저버릴 걸세."
이때 크리소스톰은 유명한 말을 남겼습니다.
『온 세상이 나를 반대한다고? 좋아. 그러면 내가 온 세상을 반대하기로 하지.』
"너희는 이 세대를 본받지 말고 오직 마음을 새롭게 함으로 변화를 받아 하나님의 선하시고 기뻐하시고 온전하신 뜻이 무엇인지 분별하도록 하라"(롬 12:2).
하나님의 뜻을 발견하고 그 뜻 앞에 신실한 자세를 취하는 고독한 결단이 우리에게 요구됩니다. 그런 의미에서 이 문둥병자의 감사는 평범한 감사가 아니었습니다.

감사는 예배의 결단이다

문둥병자의 감사는 예배라는 결단으로 나타났습니다.
"예수의 발 아래 엎드리어 사례하니 저는 사마리아인이라"(16절).
유대인들이 엎드리는 것은 인사가 아니라 예배드리는 행위입니다. 그는 감사를 예배로 표시했습니다.
누군가가 『예배』를 정의하기를 "하나님의 존재와 하나님의 사역에 대한 피조물의 응답"이라고 했습니다. 하나님의 계시와 피조물의 응답이 바로 예배입니다. 예배를 영어로 "worship"이라고 합니다. 이 "worship"의 어근은 "worth", 즉 "가치"라는 말입니다. 하나님을 예배하는 광경을 묘사한 말씀 가운데 이런 대목이 있습니다.

"우리 주 하나님이여 영광과 존귀와 능력을 받으시는 것이 합당하오니(worthy)"(계 4:11).

하나님은 우리에게서 영광과 존귀와 능력을 받으실 만한 가치가 있는 분입니다.

하나님의 역사하심에 대한 피조물의 응답이 예배입니다. 그 응답은 바로 감사이고, 그 감사가 예배의 본질입니다. 예배의 초점은 내가 아니라 하나님입니다. 가장 잘못된 예배는 설교 들으러 교회 나오는 것입니다. 설교를 듣는다는 것은 초점이 나에게 있다는 것입니다. 내가 어떤 유익을 얻을까 하는 것입니다. **예배의 초점은 예배받으시는 그분께 있습니다. 하나님을 바라보고 하나님을 찬양하는 것이 예배입니다. 문둥병자가 표현한 것은 자신의 삶의 중심이 오직 하나님께 있음을 고백한 것입니다.**

유명한 신학자 칼 바르트에게 그리스도인과 불신자의 근본 차이를 묻자, 그는 "감사"라고 단순하게 대답했습니다. 기독교처럼 감사를 강조하는 종교는 없습니다. 맑은 하늘 아래서 뿐만 아니라 비바람 치는 어두운 하늘 아래서도 감사를 합니다. 당신은 하나님이 당신 삶의 주관자임을 인정하고 긍정하면서 영광과 찬미를 하나님께 돌려 드리고 있습니까?

미국의 체스픽 베이라는 강에서 수영을 하다 전신 불구가 된 조니 에릭슨이라는 여인이 있습니다. 조니가 움직일 수 있는 유일한 신체 기관은 입술뿐이었습니다. 그러한 여인의 간증이 미국 사람들의 영혼을 흔들어 깨웠습니다. 온 몸을 움직이지 못하게 된 조니가 "하나님, 제가 무엇을 가지고 하나님께 영광을 돌릴 수 있겠습니까?" 하고 기도하는 가운데 주께서 그 마음 속에 역사하셨습니다. 그녀는 움직일 수 있는 입술을 가지고 하나님께 영광을 돌리기로 결심했습니다. 조니는 입으로 붓을 물고 그림을 그리기 시작했습니다. 수백 장, 수천 장의 그림을 그렸습니다. 그녀가 그린 그림에는 어느 그림에나 다음과 같은 글귀가 새겨져 있습니다.
"하나님께 감사하라".

　어떤 사람이 조니에게 이 비극을 통해서 무엇을 감사할 수 있느냐고 물었습니다. 조니는 『이 비극을 통해서 감사의 의미를 알게 하신 하나님께 감사하지요』라고 대답했습니다. 그녀는 많은 것을 잃어버리고 나서 더욱 하나님 앞에 소중히 여겨야 할 자기 생명과 삶의 존재를 확인하였습니다. 그리고 그 주님을 찬양하고 영광을 돌리기 위하여 입술로 자기의 삶 전체를 바쳤습니다. 그녀는 누구보다도 알차고 보람 있게 살고 있습니다. 이는 예배를 통해 나타난 아름다운 결실이 아닐 수 없습니다.

감사의 결과

이 문둥병자의 감사는 다음 **두 가지** 결과를 낳았습니다.

첫째로, 문둥병자의 감사는 하나님께 영광을 돌렸습니다.

이방인 외에는 하나님께 영광을 돌리러 온 자가 없다고 했습니다(18절). 하나님께 영광을 돌리는 것이 당신의 삶의 목적이요 이유라고 고백할 수 있습니까? 모든 신실한 그리스도인들의 입술에서 유감 없이 고백되어야 할 고백은, 하나님을 영화롭게 하기 위해서 살고 있다는 말입니다. 본문의 문둥병자는 진실로 삶의 가장 위대한 목적이요 본분인 주(主) 앞에 영광을 돌리는 이 사건을 통해서 그리스도를 따라가는 제자의 삶을 멋지게 실천하였습니다.

세상에는 하나님께 영광을 돌리는 사람과 자신에게 영광을 돌리는 사람이 있습니다. 감사하지 못하는 이유는 그의 삶의 초점이 자기에게 맞추어져 있기 때문입니다. 우리 삶의 원천은 내가 아니라 하나님이십니다. 우리 주변의 잔잔하고 소중한 행복도 하나님께서 주신 것입니다. 우리 모두 주님께 영광을 돌립시다.

둘째로, 문둥병자의 감사는 구원의 초석이 되었습니다.
"그에게 이르시되 일어나 가라 네 믿음이 너를 구원하였느니라 하시더라"(19절).
그는 육체의 병을 고쳤을 뿐만 아니라 믿음을 갖게 되어 구원까지 받았습니다. 감사는 더 위대한 행복을 창조했습니다. 감사는 더 놀라운 복을 누리게 했습니다. 주께 영광을 돌리고 구원받은 자, 하나님의 자녀가 되는 권세를 얻게 한 이 사람의 감사의 모범을 우리도 따라야겠습니다.

저는 어느 그리스도인의 다음과 같은 기도를 무척 좋아합니다.

오 하나님,
저를 축복하심을 감사합니다.
그러나
저에게 어떤 축복보다도
감사할 수 있는 마음을 더욱 주시옵소서.

많은 복을 받고도 마음에 짜증과 불평과 불만뿐이라면 그가 받은 복은 모두 헛것입니다. 감사는 진정한 축복의 열쇠입니다. 감사는 더욱 위대한 기적입니다. 이 기적을 명심하기 바랍니다.

망망한 바다 한가운데서 배 한 척이
침몰하게 되었습니다.
모두들 구명보트에 옮겨 탔지만
한 사람이 보이지 않았습니다.
절박한 표정으로 안절부절 못하던 성난 무리 앞에
급히 달려 나온 그 선원이
꼭 쥐고 있던 손바닥을 펴 보이며 말했습니다.
"모두들 나침반을 잊고 나왔기에…"
분명, 나침반이 없었다면 그들은 끝없이 바다 위를
표류할 수밖에 없을 것입니다.

삶의 바다를 항해하는 모든 이들을 위하여
우리는 그 나침반의 역할을 하고 싶습니다.
우리를 구원하신 아름다운 주님을
21세기 문명의 이기(利器)를 통하여
널리 전하고 싶습니다.

우리 나침반 가족은
구원의 복음과 진리의 말씀을 전하며
당신의 믿음 성장과 삶을, 가정을, 증거를,
그리고 당신의 세계를 돕고 싶습니다.

그리스도 안에서
우리는 당신을 진실로 사랑합니다.

"하나님은 모든 사람이 구원을 받으며
진리를 아는 데 이르기를 원하시느니라."
(디모데전서 2장 4절)

행하는 그일을 인하여 나를 믿으라!

지 은 이 ㅣ 이동원
발 행 인 ㅣ 김용호
발 행 처 ㅣ 나침반출판사

제12판 발행 ㅣ 2011년 9월

등   록 ㅣ 1980년 3월 18일 / 제 2-32호
주   소 ㅣ 110-616 서울 광화문 사서함 1641호
전   화 ㅣ 본   사 (02)2279-6321~3
            영업부 (031)932-3205
팩   스 ㅣ 본   사 (02)2275-6003
            영업부 (031)932-3207

홈 페 이 지 ㅣ **www.nabook.net**
이 메 일 ㅣ navan@chol.com
            nabook@nabook.net

ISBN 89-318-1138-1
책번호   마-1165

값은 뒷표지에 있습니다.

나침반출판사는 우리를 구원하신 아름다운 주님을
21세기 문명의 이기(利器)를 통하여 널리 전하고 싶습니다.